1分 minute

1日1分

読むだけで身につく

保険の選び方大全

100

ファイナンシャルプランナー **長尾義弘**

自由国民社

これだけで保険選びはすべて完結

「保険選びってよくわからないから、誰かに相談したい。でも、誰に聞いたらいいんだろう」というお悩み、多いのではないかと思います。

ズバリ申しあげましょう。保険は自分で選ぶのが一番です。とはいえ、保険は複雑で難しいものです。本書ではそれをわかりやすくシンプルに解説しました。

本書を読むためには、時間も本の購入費も必要です。しかし、数百万円の節約ができるとしたら、俄然やる気が湧いてきませんか。

「そんな手間ひまかけなくたって、あちこちで保険の無料相談をやっているじゃないか。相談員や営業員が親切に教えてくれるんだから、そのほうが簡単だよ」

そういう声も聞こえてきそうです。

保険の無料相談はよく見かけます。たしかに手軽ですが、これは公平中立なアドバイスではありません。なぜか？　彼らの目的は保険を販売することだからです。相談には乗ってくれるものの、あなたにピッタリの保険を紹介してくれるとは限りません。場合によっては、不必要な保障までくっついてきます。

実際は「保険のアドバイス」ではなく、「保険の営業」なのです。「アドバイス」とは、中立でなければなりません。

たとえば、月額保険料が3万円の保険商品を勧められたとします。年間で、36万円です。保険は超長期の契約なので、30年なら1080万円もの金額になります。

これほどの大金をつぎ込むわけです。月額3万円は妥当なのか、その保障は本当に必要なのか、しっかりと検討しなければいけないことがおわかりいただけるでしょう。

そこを考え直すだけで、総額数百万円の節約につながるかもしれません。そんなに違うのかと驚くかもしれませんが、こういうケースはけっして少なくないのです。

　インターネットでも、保険商品の解説や情報があふれています。しかし、残念ながら多くは保険代理店が運営していたり、保険を販売している人のサイトだったりします。これらの記事が本当に中立な立場で書かれているのかは、ちょっと疑問です。

　自分で選ぶための第一歩は、保険を知ることです。本書では、保険の基本的な知識から、保険商品の選び方、注意したいポイント、見直す際のチェックポイント、さらには辛口のコメントまでつけました。

　じつは、筆者はいままで一度も保険を販売したことがありません。

　にもかかわらず、「NEWよい保険・悪い保険」という保険ランキングムックの監修を14年続けています。また、ビジネス雑誌の保険特集では保険商品の選者、ランキング調査会社の保険商品の選者も務めています。常に、消費者目線に立った情報を発信することを心がけてきました。

　ですから、本書も公平中立です。保険を販売する側ではなく、加入者にとって何がいいのかを紹介しています。といっても、単なる解説書にはしたくないので、どんな保険商品がいいのか具体的な情報も提供することにしました。

　ただ、保険商品の情報は、どんどん変化します。紙面では、すぐに情報を更新できません。

　そこで、保険商品の情報について、ネットにアクセスして見られるようにしました。詳しくは100項目（221ページ）にアクセス方法を記してあります。こちらも参考にしてください。

1日1分 読むだけで身につく
保険の選び方大全100

もくじ

第1章

1分でわかる！
保険は本当に必要か？ —— 11

第4章

1分でわかる！
生命保険のしくみ —— 65

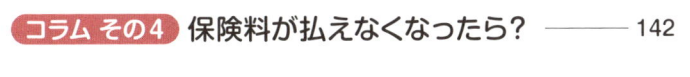

第5章

実践！
保険の見直し
ポイント＆注意点 —— 143

第6章

1分でわかる！
損害保険の得な入り方 ——— 193

本書の特徴と見方

何の説明か
一目で
わかる

100項目の
通しナンバーが
ついている

わかりやすく
図版やイラスト
で解説!

001

保険は人生で二番目に大きな買い物!?

日本人の約8割が何らかの保険に加入しています。

では、生命保険の保険料はどのくらい払っているのでしょうか。

生命保険文化センターの調査によると、世帯平均で年間37.1万円（月額約3万円）です。

男性の平均は20.6万円（月額1.7万円）、女性の平均は16.0万円（月額1.3万円）です。

生命保険は超長期の契約です。20年間、30年間、長ければ40年間も払い続けることがあります。

年間37.1万円だとすれば、20年間の総支払額は742万円、30年間では1113万円になります。人生の中でマイホームの次に高い買い物が保険だと言われるのも、うなずけるのではないでしょうか。

家計の中で、保険料は大きなウエートを占めています。ムダな保険に入っていることは、家計にとってもムダでしかありません。逆に言えば、保険を見直すだけで大きな節約になるわけです。しかも、一度見直すと節約の効果はずっと続きます。

本書では、「自分に必要な保障とは何か」「どんな保険商品がよいのか」を解説していきます。

12

保険の見直しは、大きな節約になる

● 世帯の年間払込保険料はどのくらい?

年間保険料	37.1万円（月額 3.1万円）
20年間の総保険料	742万円
30年間の総保険料	1113万円
40年間の総保険料	1484万円

出所 生命保険文化センター「生命保険に関する全国実態調査」2021年度

● 人生の三大支出とは

1位 マイホーム
2位 保険
3位 自動車

● 男女別の年間払込保険料は

男性 年額	女性 年額
20.6万円	16.0万円

出所 生命保険文化センター「生命保険に関する全国実態調査」2021年度

辛口コメント
日本人は保険に入ります!
ムダな保険を見直すことで家計が楽になることも。

13

忖度なし!
公平中立だから
できる辛口の
アドバイス

ここまで
書いて大丈夫
なの?

難しいこと一切なしで
保険のことが
1分でわかるエッセンスが
ギュギュッと
詰まってる

第1章

1分でわかる!
保険は本当に必要か?

「保険を選ぶのは難しい」
「どれにしたらいいのかわからない」。もっともです。
でも、「保険は何のために必要なのか?」という
基本に立ち返ると、自分に必要な保険が見えてきます。
まずは、保険をシンプルに考えてみましょう。

考え方　入り方　選び方　しくみ

001

保険は人生で二番目に大きな買い物!?

えっ！そうなの？

日本人の**約8割が何らかの生命保険に加入**しています。

では、保険料はどのくらい払っているのでしょうか。

生命保険文化センターの調査によると、**世帯平均で年間の払込保険料は37.1万円（月額約3万円）**です。

男性の平均は20.6万円（月額1.7万円）、女性の平均は16.0万円（月額1.3万円）です。

生命保険は超長期の契約です。20年間、30年間、長ければ40年間も払い続けることがあります。

年間37.1万円だとすれば、20年間の総支払額は742万円、**30年間では1113万円**になります。**人生の中でマイホームの次に高い買い物が保険**だと言われるのも、うなずけるのではないでしょうか。

家計の中で、保険料は大きなウエートを占めています。ムダな保険に入っていることは、家計にとってもムダでしかありません。逆に言えば、保険を見直すだけで大きな節約になるわけです。しかも、一度見直すと節約の効果はずっと続きます。

本書では、「自分に必要な保障は何か」「どんな保険商品がよいのか」を解説していきます。

保険の見直しは、大きな節約になる

● 世帯の年間払込保険料はどのくらい?

年間 保険料 **37.1万円**（月額 **3.1万円**）	
20年間の総保険料	**742**万円
30年間の総保険料	**1113**万円
40年間の総保険料	**1484**万円

出典：生命保険文化センター「生命保険に関する全国実態調査」2021年度

総額にするとすごい金額なのね！

● 人生の三大支出とは

①位 マイホーム

②位 **保険**

③位 自動車

人生で二番目に高い買い物なんだ！

● 男女別の年間払込保険料は

月額にすると約1.7万円か！厳しいなぁ

男性 年額	**女性** 年額
20.6万円	**16.0**万円

私もかなり払っているわよ。何とか減らしたい…

出典：生命保険文化センター「生命保険に関する全国実態調査」2021年度

辛口コメント

日本人は保険に入りすぎ！
ムダな保険を見直すことで家計が楽になることも。

考え方　入り方　選び方　しくみ

002

人に勧められたからという理由で入る失敗

いいと思ったのに！

　人生の中で二番目に高い買い物である「生命保険」。みなさん、どうやって選んでいるのでしょうか。

　半数近くが、加入した理由に営業員をあげています。これは、人に勧められたから、その保険に決めたことを意味します。また、ほかの商品と比較したかという質問には、**約7割が比較していない**と答えています。こういう選び方は失敗の元です。

　家電製品などを購入する際、同じような商品をいくつか比べませんか。たしかに保険は商品の数が多く、しかも複雑です。ですが、何百万円もするものを比較もせず、人任せで購入するなど無謀としか言えません。これで**「自分は正しい保険を選んだ」**と自信を持っているなら大間違いです。筆者の経験からすると、保険の相談のなかには驚くほど**ヒドい契約内容**もあります。

　さらに、約6割の人が保険の営業員を通じて加入しています。この保険営業員とは、ほとんどが一社専属です。したがって、他社の商品とは比較ができません。親身に相談に乗ってくれても、提案されるのは自社の商品のみです。超高額の商品なのですから、しっかり比較して選びましょう。

半数近くが勧められたという理由で契約

● 加入契約の加入理由（複数回答）

58.9% 商品要因

45.1% 営業職員要因

15.3% 加入機関要因

18.5% その他

0.5% 不明

> なんとなく
> いい人かな?
> と思っただけ
> なんだ!

出典：生命保険文化センター「生命保険に関する全国実態調査」2021年度

● 加入時の商品比較経験（複数回答）

特に比較はしなかった **67.7%**

> えっ!
> 比較しないで
> 決めたの?

出典：生命保険文化センター「生命保険に関する全国実態調査」2021年度

● 生命保険、誰を通じて加入した?

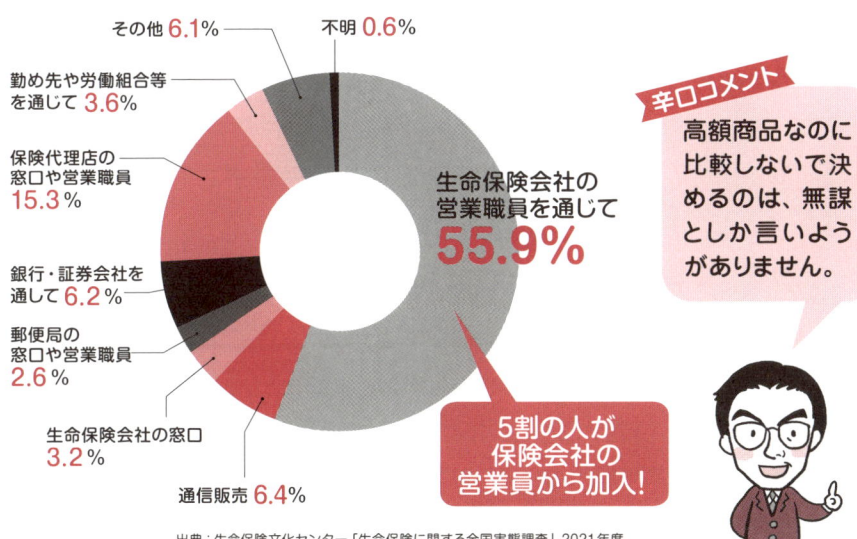

- その他 6.1%
- 不明 0.6%
- 勤め先や労働組合等を通じて 3.6%
- 保険代理店の窓口や営業職員 15.3%
- 銀行・証券会社を通して 6.2%
- 郵便局の窓口や営業職員 2.6%
- 生命保険会社の窓口 3.2%
- 通信販売 6.4%
- 生命保険会社の営業職員を通じて **55.9%**

> 辛口コメント
>
> 高額商品なのに比較しないで決めるのは、無謀としか言いようがありません。

> 5割の人が
> 保険会社の
> 営業員から加入!

出典：生命保険文化センター「生命保険に関する全国実態調査」2021年度

考え方　入り方　選び方　しくみ

003

保険の無料相談は、ボランティア？

おすすめです！

　駅前やショッピングセンターにある無料の保険相談なら、複数の会社の商品を紹介してくれるのでは？　そう思いますよね。一社専属とは異なり、商品の比較は可能です。

　しかし、**無料相談はボランティアではありません**。保険を売ることが仕事です。もし「この人に保険は必要ない」と思っても、「保険は不要ですよ」とは言わないでしょう。相談員（保険募集人）にとっては、保険の売上が営業成績となり、給与やボーナスにつながっていくのです。

　顧客は、自分に合った保険商品をできるだけ安い保険料で契約したいと考えています。一方、相談員は顧客の意向に添いつつ、できるだけ販売手数料が高く、総額保険料の高い商品を契約してほしいと思っています。このように双方の思惑が食い違う状態を、**「利益相反の関係」**といいます。また、相談員のほうが保険商品について詳しく知っています。そのため、都合のいい情報は教えてくれますが、その商品がほかと比べて不利な点などは伏せておくことがあります。これを**「情報の非対称性」**といいます。

　保険の無料相談では、自分に必要な情報を必ずしも得られるわけではないのです。

無料相談は、公平中立ではない！

● 公平中立な立場ではない

利益相反の関係

一方にとっては利益になる反面、他方には不利益になる。こういう状態を「利益相反の関係」と呼びます。

保険の営業員や無料相談の相談員（保険募集人）と、顧客もこの関係にあります。

顧客の考え…自分に合ったムダのない保障を、できるだけ保険料の安い商品で契約したい。

保険募集人の考え…顧客の要望に添いたいけれど、手数料の高い商品を、できるだけ高い保険料で契約してもらうほうが利益が大きい。

保険を契約する立場と販売する立場では、このように思惑が食い違っています。彼らに公平中立なアドバイスを求めることは難しいと言えます。

一方が利益に、もう一方が不利益に！

思惑が違っているんだ！

情報の非対称性

都合の悪いことは教えてくれないこともあるんだ！

「情報の非対称性」とは、取引をする両者の間に、情報の質・量に関して格差があることを指します。

保険募集人は、保険の情報、商品の情報を豊富に持っています。それに比べて、顧客は少ない情報しか持ち合わせていません。有利な立場にある保険募集人は開示する情報も自由です。都合のいい情報は提供しますが、悪い情報は伝えてくれません。

ほかの金融商品にも、これは当てはまります。顧客の側は情報が少ないため、販売する側の情報にコントロールされてしまいがちです。

辛口コメント

勧められるまま入るのが、もっとも危険。

考え方 入り方 選び方 しくみ

004

自分で選ぶ ことが大切

自分で 考えてみます

　数多くある保険商品のなかから、自分に合った商品を選ぶことはかなり大変です。

　まず、保険の営業員や無料の相談員からは、**公平中立なアドバイスが望めません**。一方、ファイナンシャルプランナーなどの有料相談であれば、公平中立なアドバイスを受けられる可能性はあります。しかし、その人が保険を販売している場合は、100％中立とは言えないでしょう。有料相談のみを行うファイナンシャルプランナーは、残念ながらそれほど多くいません。

　では、どうすればいいのでしょう。じつは、あなたはその第一歩を踏み出しています。だって、本書を手に取っているではありませんか。

　本書を読んで保険の知識が身につけば、どんな保険を選べばよいのかが見えてきます。さらに、221ページにあるQRコードを読み込んでいただくと、どんな商品がいいのかというお勧めもわかるようになっています。

　本書は保険会社の広告などが一切入っていない、公平中立（どちらかといえば保険の販売には辛口）な立場です。ご自分で納得できる、そして間違いのない保険を選ぶことができるはずです。

公平中立なアドバイスとは

● 誰に相談をするのがいいのか?

相談相手を
選ぶのも
難しい

公平中立の関係

× 無料相談員 保険営業員	△ FP 有料相談で保険を販売している	◎ 本書 FP 有料相談で保険を販売していない

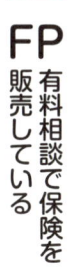

公平中立な
アドバイス

● 本書の使い方

本書に
任せて!

◉ どんな保険が必要かがわかる

▼

◉ 見直しのコツがわかる

▼

◉ オススメの保険商品を実名で紹介

▼

◉ 自分に合った保険の見直しができ節約になる

辛口コメント
保険の販売目的では、
公平中立なアドバイスを受けることは困難。

考え方 入り方 選び方 しくみ

005

保険の原則を知れば、自分に必要な保障がわかる

なるほど これで わかった！

　保険って何ですかと聞かれたら、「いざというときの備えかな」と答えるでしょうか。いざというときっていつでしょう。このように漠然としたとらえ方では、適切な保険を選べません。

「滅多に起こらないけれど、もしそれが起こったとき、経済的損失が大きいものに備える」

　これが保険の原則です。

　保険は、病気になっても看病はしてくれず、給付金を受け取るだけです。大切な人が亡くなったとき、遺族を慰めるのではなく、死亡保険金が出るだけです。

　しかし、本当に困ったときの「お金」はとても役に立ちますし、頼りになります。窮地に立ったとき経済的な余裕があると、精神的にも楽になります。**困ったことをお金で解決するのが保険の役割です。**

　右の図に、具体的な例を紹介しました。どんなときに保険が必要なのかがわかります。基本は経済的な損失が大きいものです。

　自分にとって、滅多に起こらないけれど、もし起こったときに経済的に困ることは何かを想像してみてください。それに対して保険を利用すればいいのです。

自分の家庭を保険の原則に当てはめてみる

● どんなときに保険が必要？

保険の原則

滅多に起こらないけれど、
もしそれが起こったとき、
経済的損失の大きなもの対する備え

保険の基本的な考え方です

原則の応用例 ❶
20代の新入社員
扶養家族なし

死亡しても経済的に困る人はいない。

原則の応用例 ❷
30代の家庭
妻、幼い子どもが2人

死亡したら経済的な負担は非常に大きなものになる。

原則の応用例 ❸
病気やケガで入院

高額療養費制度があるので、自己負担は少しだけ。

滅多に起こらないけれど、もしそれが起こったとき…

「経済的損失が小さい」から、生命保険は必要ありません。

「経済的損失が大きい」ため、生命保険で備えましょう。

「経済的損失は小さい」ので、貯蓄で備えましょう。

本当に困ったときのお金の備え

経済的損失の大きいものに備えるのが保険の役割

辛口コメント

保険の原則をもとに考えれば、
ムダな保険に入ることがなくなります。

考え方　入り方　選び方　しくみ

006

コントロールが大切！

人生の リスクコントロールを するのが、保険の役割

　長い人生、いろいろなトラブルがあります。しかし、たとえトラブルが起きても、その**被害を最小限に留めるのが**「リスクコントロール」という考え方です。

　リスクコントロールの手法は、大きく分けて次の3つです。

「リスクの転嫁」「リスクの保有」「リスクの軽減」

「リスクの転嫁」とは、自分で抱え切れないリスクを、別のところに移して肩代わりしてもらうこと。この**「リスクの転嫁」が保険の役割**です。たとえば、小さい子どもがいる家庭で稼ぎ手が死亡したら、残された家族は生活に困ります。こういう場合に、死亡保険が経済的リスクを緩和してくれます。

「リスクの保有」は、自分の中でリスクを抱え込むことです。損失額が小さいときは、貯蓄で対応できます。そういったケースは、わざわざリスクを外部に移す必要がありません。

「リスクの軽減」は、リスクをできるだけ回避する方法です。つまり、危ないところに近づかないようにすること。食事に気をつけ、適度な運動を継続することで、病気のリスクを減らせます。そのぶん、保険料の負担も減らせるでしょう。

家計のリスクコントロールを考えてみる

● 3つのリスクコントロール

リスクの 転嫁

リスクを移し換える
保険の役割

自分では、
どうしようもない
大きなリスクは、
保険に肩代わりして
もらえばいいんだ

自力で何とか
できるリスクは、
自分の中で
抱えればいいんだ

リスクの 保有

リスクを抱え込む
貯蓄などで対応

リスクの 軽減

リスクを小さくする
危険回避・健康増進

危険から
遠ざかるのは、
リスクの軽減になのるか!
健康になれば病気の
リスクも軽減できる

辛口コメント

人生のトラブルを回避する方法を身につけましょう。

考え方　入り方　選び方　しくみ

007

なんでも保険に頼ると、家計が破綻する

いくらお金があっても足りない！

　人はそれぞれ、さまざまな心配事を抱えています。保険は、不安を安心に変えてくれる商品でもあります。

　とはいえ、あれが心配、これも心配とばかりに、**なんでも保険で解決しようとするのはナンセンス**。いくらお金があっても足りません。保険の掛け過ぎは家計を圧迫します。ここまで説明してきたように、経済的損失の大きいものだけに絞りましょう。

　また、「掛け捨ては損」と思っている人が多いようですが、これも勘違いです。掛け捨て型の保険は、少ない金額で大きな損失に対応できます。保険の本来の目的を考えれば、こちらのほうが合理的です。それに、いまは低金利時代です。積立型の保険に入ったとしても、ほとんど増えません。保険と貯蓄は分けて考えたほうがいいのです。

　たとえば、老後が心配な人のために個人年金保険という商品がありますが、iDeCoを利用したほうが税制優遇が大きいのです。また、NISAのほうが運用手数料が少ないので有利です。したがって、老後の備えとしては、個人年金保険は二番手、三番手に考えるべき手段です。

　すべてを保険に頼ってはいけません。リスクの大きいものにこそ、保険は役立ちます。

心配事のすべては保険で対応できない

● あれも心配、これも心配だと掛けすぎに

40歳男性の場合：全部に保険をかけると

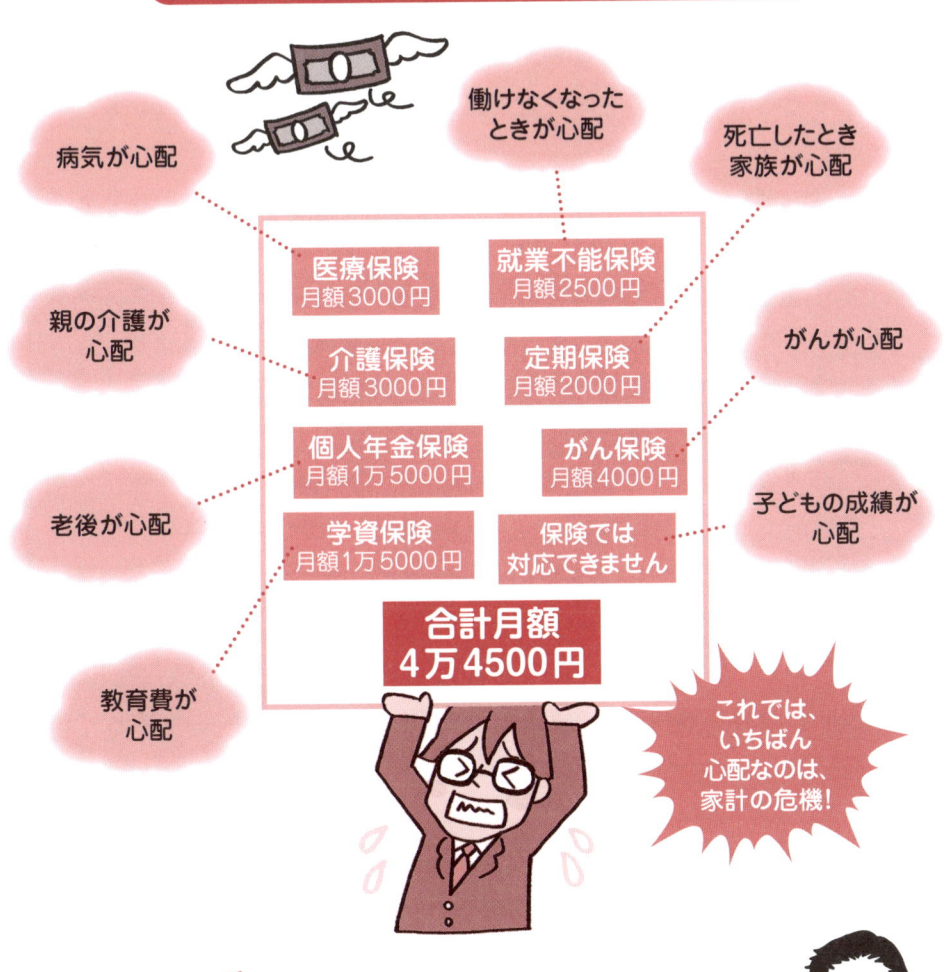

病気が心配

働けなくなった
ときが心配

死亡したとき
家族が心配

親の介護が
心配

がんが心配

老後が心配

子どもの成績が
心配

教育費が
心配

医療保険 月額3000円	就業不能保険 月額2500円
介護保険 月額3000円	定期保険 月額2000円
個人年金保険 月額1万5000円	がん保険 月額4000円
学資保険 月額1万5000円	保険では 対応できません

合計月額 4万4500円

これでは、いちばん心配なのは、家計の危機！

 辛口コメント

保険料が家計を圧迫するようでは本末転倒です。

クーリング・オフ制度

　生命保険を契約したけれど、直後に考え直し、やっぱりやめたいということがあります。

　そうした場合は、「クーリング・オフ制度」を使って、契約を取り消すことができます。

　取り消しが可能な期間は、8日以内。

　一般的に「クーリング・オフに関する書面を受け取った日」か、「申込日」のいずれか遅いほうから、その日を含めて8日以内です。申込みを撤回でき、払い込んだ保険料は返還されます。

　保険会社や商品によっては9日以上の期間を設けていることもありますので、確認をしてください。

「クーリング・オフに関する書面」は、「注意喚起情報」「契約締結前交付書面」「ご契約のしおり・約款」などにあります。どこに書いてあるかは、「注意喚起情報」に記載されています。

　手続きは、保険会社の本社か支社あてに、書面を郵送します。また、保険会社によっては、Web申請ができる場合もあります。書面の場合は、念のためにコピーを取っておくのも忘れないように。

　ただし、次のような場合は、クーリング・オフができません。

・契約にあたって医師による診査を受けた場合

・保険期間が1年以内の契約の場合　など。

　細かい規定などは、各保険会社に確認してください。

第2章

チャートで見つけ出す!
自分にピッタリの保険

保険は「これがベスト!」という、
万人に共通した答えはありません。
なぜなら、それぞれが抱えるリスクが異なるからです。
ここではチャートやチェック項目を使いながら、
自分に必要な保険を考えてみましょう。

考え方 入り方 選び方 しくみ

008

自分には どんなリスクが あるか

私のリスクは食べすぎかな？

　保険は万能ではなく、入り過ぎは禁物です。では、どんな心配に対して保険で備えればいいのでしょうか。

　保険とは、現在から将来にかけてのリスクを回避するために加入するものです。まずは、**自分のリスクを正確につかんでおきましょう。**

　こんな相談を受けたことがあります。

「子どもが生まれるので、将来が不安です。そこで、個人年金保険に入ろうと思っているのですが、よい保険を教えてください」

　どこがおかしいかわかりますか。

　個人年金保険は老後の備えです。もちろん、それも大切ですが、子どもが生まれるのであれば、近い将来のリスクは「教育費」です。「老後資金」はその先にあります。

　つまり、対処の順番が違っているのです。

　こんな勘違いをしないためにも、まず**自分、そして家族のリスクをしっかり把握しておくことが重要です。**

　自分にはどんなリスクがあるのかを書き出して、リストにしてみましょう。リスクの大きさや、どれを優先すべきかがはっきりしてくるはずです。

家計のリスクをチェックする

● どんなときに保険で備える

小さな リスク 短期の入院

大きな リスク 死亡！

不測の事態ではない **入院**	不測の事態 **世帯主の死亡**

保険に入らない
× **医療保険** ○ **貯蓄**

保険に入る
× **終身保険** ○ **定期保険**

● 家計（経済的なこと）のリスクを書き出してみてください

※「結婚できない」「子どもの
成績が悪い」などという
悩みは、また別の機会に。

□ 老後が心配

□ 病気が心配

□ 親の介護が心配

□ 失業が心配

□ 死亡したあとの家族の生活費が心配

□ 働けなくなったときが心配

□ 貯蓄ができないのが心配

□ 地震や災害が心配

□ 乳がんなどの女性の疾病が心配

心配が多くて
考えるのが面倒

辛口コメント

将来のリスクをしっかり把握して、
リスクに優先順位をつけましょう。

009

チャートでわかる 自分に必要な保険

なるほどー

　前のページで、自分と家族には、どんなリスクがあるのか確認できたと思います。次に、そのリスクに対してどんな保険が対応しているのか考えていきます。

　保険商品は、なんでも保障してくれるわけではありません。死亡保険は死亡したときだけ、医療保険は入院・手術だけ、がん保険はがんだけ、介護保険は介護だけと、保障範囲は限られています。

　したがって、リスクに応じた保障を見極めていかなければなりません。ときには**複数の保険を組み合わせることも必要です。**

　具体的な保険ジャンルを知るために、右のページにチャートをご用意しました。

　スタートの心配事は3点。自分の状況に合わせ、YES、NOで答えてみてください。すると、あなたに必要な保険ジャンルがわかるようになっています。

　それぞれがどんな保障なのかは、ジャンルごとのページで説明しています。自分に必要な保険ジャンルをよく理解しましょう。

　そして、221ページにはオススメの保険商品の内容がわかるように、リンクを張っています。そこで、実際の保険商品を確認してください。

あなたにピッタリの保険とは？

● 自分に必要な保険がチャートでわかる

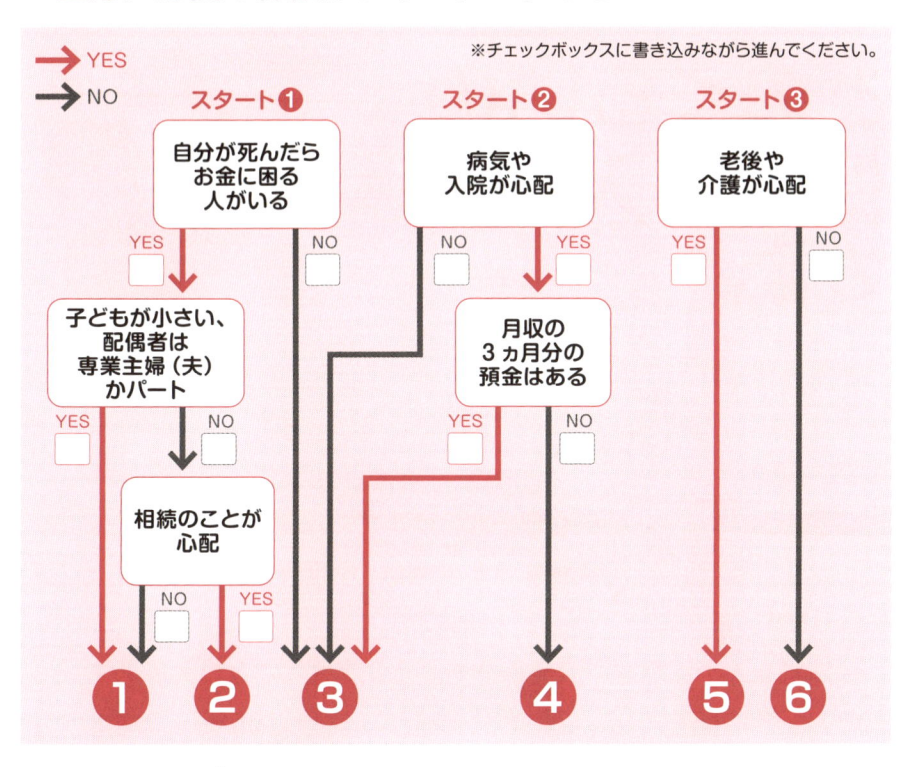

私には、こんな保険が必要なのね！

1 ・定期保険 ・収入保障保険

2 ・終身保険

3 保険は必要ない 貯蓄で備えよう

4 ・医療保険 ・就業不能保険

5 確定拠出年金やNISAを活用して貯蓄をしよう。どうしても心配なときは、介護保険

6 投資などで資産を増やそう

辛口コメント

リスクに合った保障を選ぶことで、ムダがなくなります。

010

どのくらいの保障に入れば安心？

公的保険を先に考えるのか

　必要な保険がわかったら、今度は保障額について考えます。

「大きなトラブルが起こったときの備えだから、とにかく保障額は大きくつけておく！」

　こういうざっくりした決め方ではいけません、適切な保障額との間にズレが生じるでしょう。**大きすぎる保障は、保険料をムダに支払うことになります。**

　保障額を決める際は、公的保険を基本に考えることが大事です。というのも、公的保険で足りない部分を補うのが、民間の保険の役割だからです。

　たとえば、子どものいる家庭で夫が亡くなれば遺族年金が、病気になったときには健康保険が、介護が必要になれば公的介護保険があります。

　まずは、もしものことが起きた場合に、いくら必要になるかを割り出しましょう。それから、こうした公的保障がどれくらいあるのかを計算します。それで**足りない分を、民間の保険で賄うわけです。**

　すべてを民間の保険で対応しようとすると、保険料はとても高いものになってしまいます。

どのくらいの保険をかければいいのか？

保険を掛けすぎているのかな？？

● 死亡の備え

支出の見込額		入ってくるお金		保険で備える金額
日常生活費、住宅関連費、教育費など	ー	（収入の見込額）遺族年金、死亡退職金、弔慰金、企業年金	＝	

● 入院の備え

医療費の見込額		入ってくるお金		貯蓄で備える
必要なお金	ー	（収入の見込額）傷病手当金、高額療養費、医療費控除、会社の福利厚生など	＝	自営業者や子育て世代は必要なケースも

● 老後の備え

生活費の見込額		入ってくるお金		貯蓄で備える
必要なお金	ー	（収入の見込額）老齢年金、企業年金など	＝	・iDeCo・新NISAなども検討

辛口コメント

フリーランスや個人事業者は
社会保障が少ないので、
民間の保険を使ってしっかり補いましょう。

考え方　入り方　選び方　しくみ

011

現在加入している保険をチェックする

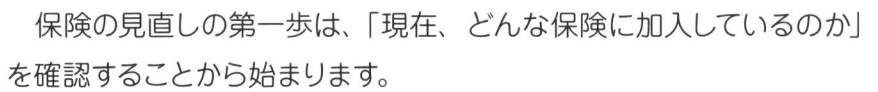

書き出してみる

　保険の見直しの第一歩は、「現在、どんな保険に加入しているのか」を確認することから始まります。

　複数の保険に入っていると思いますので、すべてを書き出してみましょう。

　まず、どんな保険なのかがわかる書類を準備してください。保険証券、または毎年定期的に送られてくる契約内容紹介でもけっこうです。

　どのような保障がついていたかは、意外と忘れがちです。一度、総点検しておくと、いざトラブルに遭ったとき、慌てずにすみます。これを機に、書類は一ヵ所にまとめておくといいでしょう。

　自分が加入している保険はもちろん、あわせて**家族全員の保険も確認します。**家族がバラバラに入っていると保障がダブったり、ムダな保障がついていることがあります。**保険は家族全体でリスク管理をしたほうが効率がよく、ムダもありません。**

　そして、加入している保険は自分に合った保障内容になっているか、保険料は適切かといったことを見直します。

　さらに、保険料が安くて自分にピッタリの保障とは何かを考えていきましょう。

現在、加入している保険を書き出してみよう

● 死亡保障（終身保険・定期保険・収入保障保険・その他）

誰	タイプ	いつまで	保障額	月額保険料		払込満了
夫	終身・定期・収入保障・その他	歳	円	月額	円	
	終身・定期・収入保障・その他	歳	円	月額	円	
	終身・定期・収入保障・その他	歳	円	月額	円	
妻	終身・定期・収入保障・その他	歳	円	月額	円	
	終身・定期・収入保障・その他	歳	円	月額	円	

● 医療保険（医療保険・がん保険・就業不能保険など）

誰	タイプ	いつまで	保障額	月額保険料		払込満了
夫	医療・がん・就業不能・その他	歳	円	月額	円	
	医療・がん・就業不能・その他	歳	円	月額	円	
	医療・がん・就業不能・その他	歳	円	月額	円	
妻	医療・がん・就業不能・その他	歳	円	月額	円	
	医療・がん・就業不能・その他	歳	円	月額	円	

● 貯蓄型保険（学資保険・個人年金保険など）

誰	タイプ	いつまで	保障額	月額保険料		払込満了
夫	学資・個人年金・その他	歳	円	月額	円	
	学資・個人年金・その他	歳	円	月額	円	
	学資・個人年金・その他	歳	円	月額	円	
妻	学資・個人年金・その他	歳	円	月額	円	
	学資・個人年金・その他	歳	円	月額	円	

こんなに
保険料を
払って
いたんだ！

月額保険料の支払総合計	円

辛口コメント 生命保険をまとめて管理するアプリも
ありますが、保険代理店・営業担当者にも
加入情報が渡ってしまうため、注意が必要です。

考え方 入り方 選び方 しくみ

012

保険証券の見方と注意点

　現在加入している保険は、どんな内容なのか。

　保険証券を取り出したものの、いったいどこをどう見ればいいのやら、歯が立たずに放り出した。こういう経験がある人も多いのではないでしょうか。

　たしかに専門用語が並んでいて、わかりづらいものです。

　そこで、**保険証券を見る際の、チェックポイント**を押さえておきましょう。

・どんな保険か？

・保障はいつまでか？

・保険料はいくらで、いつまで支払うのか？

・特約はどんな内容か？

　右に保険証券の一例をあげておきました。なお、書式は保険会社によって異なります。

　30ページで、自分に必要な保険ジャンルを確認しました。いま加入している保険と一致しているかチェックしましょう。

　また、必要な保障でヌケているものがないかも、確認する必要があります。

保険商品の読み解き方

● 保険証券の確認ポイント

❶ 保険の種類

保険の正式名称、または主契約で、保険の種類が確認できる

❷ 誰（被保険者）

保険契約者 … 保険料を払い込んでいる人
被保険者 … 保険の対象者
受取人 … 保険金を受け取る人

❸ いつまでの保障

保険期間を見ると、いつまで保障が続くのかがわかる

❹ 保険料はいくら

月額の合計保険料

❺ 特約

加入している特約の種類がわかる

> 見方の
> ポイントが
> わかる

---

❶ 保険証券番号 ××××××　定期保険特約付終身保険

❷
保険契約者	○○ ○○様	保険契約者印
被 保 険 者	○○ ○○様 契約年齢34歳男性	印
受 取 人	（死亡保険金）○○ ○○様（妻） 受取割合 10割	

❸ ○契約日（保険期間の始期）
　2012年（平成24年）3月1日
　○主契約の保険期間
　　終身
　○主契約保険料支払方法
　　60歳払込満了

❹ ◆お振り込みいただく合計保険料
　毎回払込保険料合計額　27,489円
　うち主契約保険料　3,500円
　うち特約保険料　23,989円
　なお、2025年2月1日より保険料は38,246円になります。

❺ ◆ご契約内容

終身保険（主契約）	300万円
定期保険特約	2,000万円
特定疾病保障定期保険特約	500万円
介護保障特約	500万円
災害割増特約	500万円
傷害特約	500万円
入院保障特約［本人・妻型］入院5日目から	日額5,000円

不慮の事故や疾病により所定の手術を受けた場合、手術の種類に応じて
（入院給付金日額の10倍・20倍・40倍）手術給付金を支払います。

成人病入院特約　入院5日目から	日額5,000円
リビングニーズ特約	

※妻の場合は、本人の給付金の6割の日額となります。

> 辛口コメント
>
> 保険証券を見ると、特約の多さに驚くことがあります。なかにはムダな特約も。168ページを参考に、必要か不要かを見分けて。

考え方 入り方 選び方 しくみ

013

保険の見直しは定期的にしたほうが得？

定期的な見直し

発見！

保険は一度入ったら、見直す必要なんてない！ と思っている人も多いのですが、それは誤解です。**定期的に見直すことで、保険に過不足がなくなります。**

なぜなら、**人生の中でリスクは変化するし、必要保障額も変化する**からです。その変化に合わせて見直しをしないと、ある時期は必要保障額が足りなかったり、逆に不要な保障までつけていたりと、現状に合わなくなってしまいます。

たとえば、子どもが小さいうちは、必要保障額が大きくなります。子どもが独立したあとは必要保障額は小さくなり、年金を受け取る時期になればもっと少なくてもいいでしょう。

また、そのときどきで必要な保険も変わっていきます。

働いている間は、死亡保険、就業不能保険、がん保険といった保険が必要です。それが高齢になれば、がん保険や介護保険へと変わるわけです。

結婚、出産、住宅の購入など、**大きなライフイベントがあったときは、保険を見直すタイミングです。**あるいは10年など、節目ごとに見直しを考えましょう。

ライフステージで保険を見直す

● 見直しのタイミングはいつ？

結婚、子どもの誕生、老後……ライフステージが変わるたびに、リスクの種類も大きさも変わります。そのため、リスクに応じて保障の組み換えを行う必要があります。保険の見直しはムダを省くことにもつながり、より使いやすく機能性の高い保障に生まれ変わります。ライフステージごとに見直しをしましょう。

ライフステージによって、備える保険も異なってきます

たとえば、下図のように！

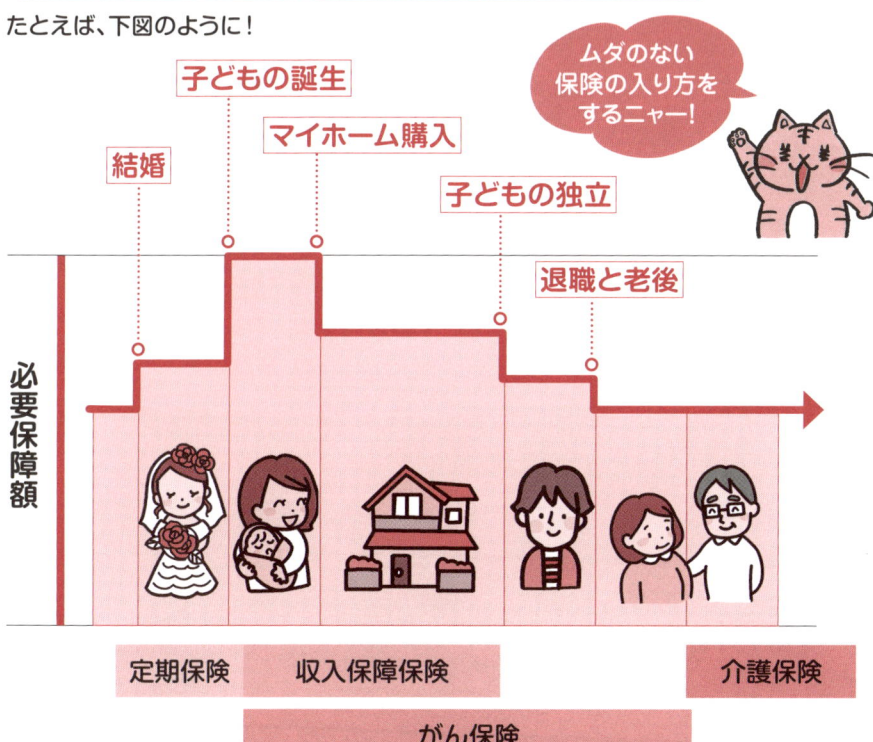

辛口コメント

保険の営業員から勧められた通りに見直すと、「損」につながることが多いので要注意。しっかり自分で考えましょう。

告知義務違反

　保険に入るにあたって、「告知」や「診査」といった言葉を耳にします。

　保険契約をする際は、過去の傷病歴や現在の健康状態、職業などについて、事実をありのままに告げる「告知義務」があるのです。

　そのため、故意や重大な過失によって、事実を伝えなかったり、事実と異なる告知をした場合は、「告知義務違反」になります。

　ちなみに、保険の営業職員や代理店の担当者に、健康状態や病歴を口頭で伝えても、告知とは見なされません。

　では、告知義務違反をしたら、どうなるのでしょう。

　契約が無効となり、保険金や給付金を受け取れないことがあります（ただし、告知義務違反になったことと、支払事由との因果関係がないときは受け取れます）。

　告知義務違反があった場合でも、契約（責任開始日）から2年以上経てば、契約が解除されることはありません。じつは保険法では5年なのですが、生命保険会社の約款では緩和されて2年となっています。

　とはいえ、告知義務違反が重大な場合や詐欺によるものは、告知義務違反の解除対象外となり、2年以上が経過していても契約が取り消されることがあります。

　くれぐれも告知は正直に。

第3章

1分でわかる!
どのくらいの
保障が必要か?

備えておくべき保険、
そして保障額は人によって異なります。
民間の保険の役割は、
公的保険を補完することです。
ベースとなる公的保険について知っておきましょう。

014

公的保険とはどんな保険なのか？

私も公的保険に入っていたの。

　どんな保険にも入っていないと思っている人でも、公的保険とは関わりがあります。日本人ならば、原則すべての人が健康保険、公的年金に加入しています。

　公的保険には、さまざまな保障があります。

　身近なところでいえば、健康保険。かかった治療費のうち、自己負担は3割程度ですみます。老後の生活では、公的年金を受け取れます。子どもがいる家庭で親が死亡したときは、遺族年金があります。

　このように、**公的保険はかなり手厚い保障**になっています。

　たとえば、健康保険がなかったとしたら、自分で何百万円もの貯蓄をしておかなければなりません。遺族年金がなければ、万が一に備えて1億円近いお金を用意する必要があります。

　公的保険があるため、これらすべてを自分で準備する必要がないわけです。

　とはいえ、実際は公的な保障（公助）だけでは足りません。ここで民間の保険の力を借ります（自助）。**公的保険で足りない分だけを、生命保険で補います。**

　こう考えるのが、**正しい保険の入り方**です。

どういう公的保険があるのか？

● 公的保険と民間保険の比較

リスク	公的保険	民間保険
ケガ・病気	健康保険	医療保険 傷害保険 がん保険 など
死亡	遺族年金	死亡保険 など
老齢	老齢年金	個人年金保険
介護・認知症	介護保険 など	介護保険 認知症保険
障害	障害年金 自立支援医療 障害福祉サービス	就業不能保険 所得補償保険 身体障害保険
失業	雇用保険	

不安をあおる
営業をしては
いけない！

金融庁、「不安をあおる営業はダメ」

2021年、金融庁は保険会社へ、不安をあおる営業をしないように指導監督を行いました。

不安をあおるとは、「年金なんてあてにならない」「病気になったらどんどんお金がかかる」という、セールストークです。もともと、保険営業は、「不安」をあおることが多いです。

金融庁の監督指針は、公的保険を正しく理解してキチンと説明することを促したもの。

辛口コメント
「公的保険を正しく説明できる」
これは保険営業員が信頼できるかどうか見分ける
ポイントのひとつです。

O15

老齢年金は
どんな
制度なのか？

よくわかっていなかった

公的年金は、国民年金と厚生年金の2つに分かれています。

受給する側から見ると、老齢年金、遺族年金、障害年金の3種類があります。

老齢年金は、原則65歳から受給が始まります。しかし、60歳から75歳の間なら、スタート時期はいつでもかまいません。

会社員や公務員は、老齢厚生年金と老齢基礎年金の両方を受け取ることができます。それに対して、自営業やフリーランスの人は、老齢基礎年金だけです。第3号被保険者に当たる専業主婦なども、老齢基礎年金だけになります。

老齢基礎年金は、**保険料を支払った期間（免除期間を含む）が10年以上あれば、受給資格があります。**受け取る金額は、保険料を納付した月数により変わります。

自分の年金額を知りたいときは、毎年、誕生月に送られてくる「ねんきん定期便」、または「ねんきんネット」を活用しましょう。だいたいの年金受給額がわかります。

民間保険では、個人年金保険などがこれに当たります。ですが、それよりも**iDeCoや新NISAを使って補てんするほうがいいでしょう。**

老齢年金のしくみとは

● 老齢年金は2種類

2階部分		厚生年金	
	国民年金（基礎年金）		
1階部分	**第1号被保険者** 20歳以上60歳未満の自営業者、学生、無職の人など	**第2号被保険者** 会社員、公務員など	**第3号被保険者** 第2号被保険者に扶養されていて、年収130万円未満の20歳以上60歳未満の配偶者

国民全員が入っているのが国民年金

老齢基礎年金

老齢年金を受け取るためには、保険料納付済期間（厚生年金保険や共済組合等の加入期間を含む）と保険料免除期間などを合算した資格期間が、10年以上必要となります。

20歳から60歳になるまでの40年間の国民年金の加入期間等に応じて年金額が計算され、原則、65歳から受け取ることができます。

老齢厚生年金

厚生年金保険に加入していた人が受け取ることができる年金です。

厚生年金保険に加入していた時の報酬額や、加入期間等に応じて年金額が計算され、原則、65歳から受け取れます。

老齢厚生年金にも、老齢基礎年金と同様に「繰上げ受給」や「繰下げ受給」の制度があります。

辛口コメント 老後生活の基本的な収入です。
生きている限り受け取れるので、
できるだけ年金を増やすことを考えましょう。

016

遺族基礎年金（65歳未満）を受け取れる条件と金額は？

お父さん
いままでありがとう

公的年金は老後に受け取るイメージがありますが、それだけではありません。

被保険者が死亡したときは、「遺族年金」があります。国民年金からは**「遺族基礎年金」**が、厚生年金からは**「遺族厚生年金」**が支払われます。民間の死亡保険と同じ役割も担っているのです。

ここでは遺族基礎年金について説明します。

受給の要件は、65歳未満で国民年金の被保険者であること。受給対象者は子どものある配偶者、または子どもです。受け取れるのは、子どものいる家庭に限られます。

遺族基礎年金の金額は、子ども一人では約105万円です。子どもの人数によっても変わります。

子どもが18歳になると、遺族基礎年金はなくなります。子どもが大学などに進学する時期でもあり、支給が終了すると経済的に困ってしまいます。そうした事態を補うために、厚生年金には**「中高年寡婦加算」**という制度があり、別の年金が受給できるしくみになっています。

受給者が65歳になった時点で、中高年寡婦加算は終わります。今度は自分の老齢年金の受給が始まります。

遺族基礎年金を受け取ることができる？

● 遺族基礎年金を受け取れる条件とは

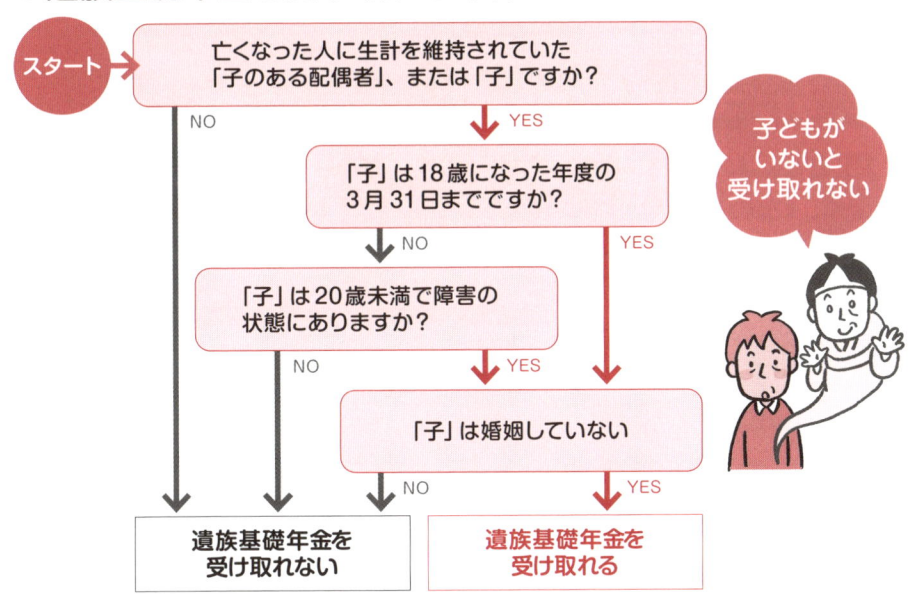

スタート →

亡くなった人に生計を維持されていた
「子のある配偶者」、または「子」ですか？

NO

YES

「子」は18歳になった年度の
3月31日までですか？

NO

YES

「子」は20歳未満で障害の
状態にありますか？

NO

YES

「子」は婚姻していない

NO

YES

子どもが
いないと
受け取れない

遺族基礎年金を
受け取れない

遺族基礎年金を
受け取れる

遺族基礎年金の金額

● 遺族基礎年金は、金額が決まっている

(2024年度)

	基本額	子の加算	支給年額
子どもが1人 (年額)	81万6000円	23万4800円	105万800円
子どもが2人 (年額)	81万6000円	23万4800円×2	128万5600円
子どもが3人以上 (年額)	81万6000円	23万4800円×2 ＋7万8300円×人数	136万3900円〜

辛口コメント

子どもがいない場合には、
遺族基礎年金は受け取れません。

017

遺族厚生年金（65歳未満）を受け取れる条件と金額は？

遺族厚生年金は妻に手厚い

　会社員や公務員ならば、遺族基礎年金と遺族厚生年金の両方を受け取ることができます。

　遺族厚生年金の受給要件は、厚生年金の被保険者であることです。受給対象者は、子ども、配偶者、父母はもちろん、孫から祖父母まで幅広いことが特徴です。

　ただし、**子どものいない30歳未満の妻は、支給は5年間**のみです。また、**子どものいない夫は、55歳以上**でないと受給できません。

　遺族厚生年金に関しては、妻に手厚くできていて、夫は少なくなっています。

　遺族厚生年金は、報酬比例部分の4分の3です。報酬比例部分の金額は、ねんきん定期便の厚生年金額で確認できます。

　50歳以上の人は見込み額になっているため、実際は記載された金額より若干少なめです。

　若い人が亡くなった場合、厚生年金の被保険者期間が25年未満になりますが、保険料を25年払ったとして計算されます。

　ちなみに、**前年の収入が850万円以上あるときは、遺族厚生年金の支給はありません**。

遺族厚生年金を受け取ることができるのは

● 遺族厚生年金を受け取れる条件とは

スタート → 亡くなった人は、厚生年金保険の被保険者、または被保険者であったことがありますか?

NO ／ YES

亡くなった人に生計を維持されていた
❶子のある配偶者（夫は55歳以上）、または子／
❷子のない妻または55歳以上の夫／❸55歳以上の父母／❹孫／❺55歳以上の祖父母ですか?
（❶→❺の優先順位あり）

NO ／ YES

遺族厚生年金を受け取れない

遺族厚生年金を受け取れる

これからもがんばって生きていくから見守って

遺族年金のしくみ

● 子どもが2人のケース

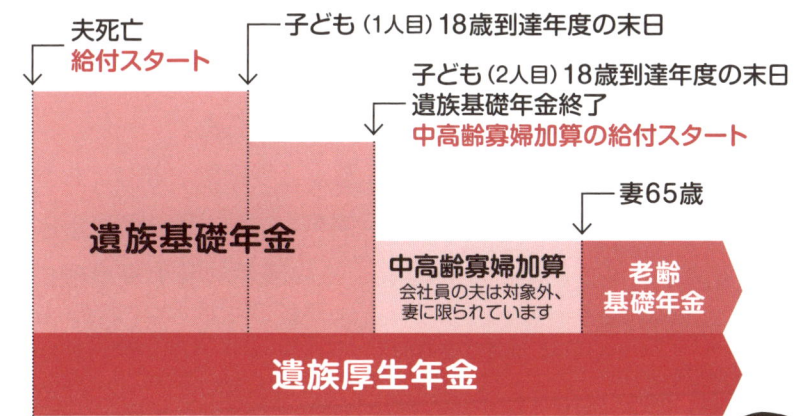

夫死亡
給付スタート

子ども（1人目）18歳到達年度の末日

子ども（2人目）18歳到達年度の末日
遺族基礎年金終了
中高齢寡婦加算の給付スタート

妻65歳

遺族基礎年金

中高齢寡婦加算
会社員の夫は対象外、妻に限られています

老齢基礎年金

遺族厚生年金

辛口コメント 自営業者やフリーランスは遺族厚生年金がありません。子どものいない家庭は遺族基礎年金もゼロです。自助努力を。

018

遺族厚生年金（65歳以上）を受け取れる条件と金額は？

年金はいくらかな？

　65歳未満と65歳以上の遺族年金は、少し違います。

　まず、65歳以上になると自分の老齢基礎年金があるため、遺族基礎年金はありません。したがって、遺族厚生年金のみです。遺族厚生年金の受給要件・受給額は右の図の通りです。

　よく勘違いされるのですが、配偶者の受給額の4分の3ではなく、**厚生年金の4分の3**になります。受給額は、右ページ上の3つの中でもっとも高い金額が自動的に選ばれます。

　具体的に、専業主婦と共働きのケースを示しました。

　専業主婦は、夫の遺族厚生年金をまるまる受け取れます。しかし、妻が会社員だと自分の厚生年金があるので、まず自分の厚生年金が優先されます。それを差し引いた金額が、遺族厚生年金の受給額になります。**夫と給与が同じくらいだった場合は、遺族厚生年金はゼロ**ということもあります。

　夫婦の暮らしがひとり暮らしになったからといって、生活費が半分になるわけではありません。二人の年金を合わせて生活費に充てていた家庭は、どうしても収入減になってしまいます。そのリスクを補うためには、老後資金の準備も必要です。

遺族厚生年金の計算のしかた（65歳以上）

遺族厚生年金の計算式
① 死亡した人の厚生年金の4分の3
② 死亡した人の厚生年金と妻の厚生年金の半分ずつ
③ 死亡した人の厚生年金

受給額の
4分の3では
ないのか

遺族厚生年金の計算例 ❶ 65歳以上の夫婦で妻が専業主婦の場合

 妻の年金受給額
基礎年金
6万円

 夫の年金受給額
基礎年金　厚生年金
6万円＋12万円＝18万円

遺族厚生年金
の計算式で
もっとも高い
金額（①）

遺族厚生年金の計算式
① 12万円×3／4＝9万円
② 6万円＋0円＝6万円
③ 0円

死亡後の妻の年金額
妻の基礎年金　夫の遺族年金
6万円＋9万円＝ 15万円

夫の生前の年金合計（24万円）に比べ－9万円になる

遺族厚生年金の計算例 ❷ 65歳以上の共働き夫婦の場合

 妻の年金受給額
基礎年金　厚生年金
6万円＋10万円＝16万円

 夫の年金受給額
基礎年金　厚生年金
6万円＋14万円＝20万円

遺族厚生年金の計算式
① 14万円×3／4＝10.5万円
② 7万円＋5万円＝12万円
③ 10万円

死亡後の妻の年金額
妻の基礎年金　妻の厚生年金　夫の遺族年金
6万円＋10万円＋2万円＝18万円

遺族厚生年金の計算式でもっとも高い金額（②）。
②の12万円から妻の厚生年金（10万円）を引いた金額

夫の生前の年金合計（36万円）に比べ－18万円になる

辛口コメント

共働きの家庭では、遺族厚生年金は
あまり当てにできないかもしれません。

019

障害年金を受け取れる条件と金額は？

1年半後なのか！

障害状態になったときの公的年金が、障害年金です。障害年金も、障害基礎年金と障害厚生年金の2つがあります。

自営業者などの第1号被保険者は障害基礎年金だけですが、会社員などは障害基礎年金と障害厚生年金の両方を受け取れます。**障害基礎年金は、1級と2級のみ**を対象とします。一方、**障害厚生年金は1・2級に加え、3級と障害手当金**があります。

1級と2級については、障害基礎年金も障害厚生年金も、受給要件はほぼ同じです。**初診日から1年半が経ち、症状が固定することが要件です。それよりも早く症状が固定した場合は、障害認定を受けることができます。**

障害認定を受けるまでの1年半は、傷病手当金（60ページ）があります。

3級、障害手当金は、要件が軽くなります。

障害年金の認定というと、車椅子や目が見えないといった状態をイメージするかもしれませんが。意外と幅広い疾病に対応しています。たとえば、がんのために人工肛門をつけたり、抗がん剤の副作用によって仕事ができない状態などでも認定されることがあります。

障害年金の受給額

会社員・公務員は、障害基礎年金と障害厚生年金の両方を受け取ることができるのね!

	障害基礎年金 （国民年金）	障害厚生年金 （厚生年金）
1級障害	102万円 + 子の加算額	報酬比例の年金額×1.25 + 配偶者の加給年金額
2級障害	81万6000円 + 子の加算額	報酬比例の年金額 + 配偶者の加給年金額
3級障害		報酬比例の年金額 [61万2000円に満たない 場合は 61万2000円]
障害手当金 （一時金）		報酬比例の年金額×2 [122万4000円に満たない 場合は122万4000円]

初診日から起算して1年6ヵ月が経過して症状が固定すれば認定になるわけね

辛口コメント 初診日に受給資格を満たしていることが重要です。国民年金に未加入だったり滞納したりしていると、受給資格がなくなることがあります。

020

公的健康保険の保障はかなり手厚い

高額療養費を申請しよう

　日本は皆保険制度を採用しているので、原則、日本人の全員が健康保険に加入しています。

　健康保険制度はスグレモノのです。一般的に、かかった治療費のうち、自己負担は3割です。小学校へ入学する前の子どもは、2割負担です。もっとも、多くの自治体で助成制度があるので、自己負担は少なくてすみます。

　70〜74歳の高齢者は、2割負担に変わります。ただ、課税所得が145万円以上の場合は3割負担です。75歳からは1割負担ですが、一定以上の所得がある人は2割負担、3割負担となります。

　また、治療費が高額にのぼった場合は、「高額療養費制度」があります。一般的な所得の人ならば、自己負担額は9万円前後です。

　さらに、多数回該当高額療養費も用意されています。1年間に3回以上高額療養費の対象になったら、**4回目からは限度額が下がります。**

　高額療養費制度については次の項目で詳しく説明します。

　病気で入院したときのお金を心配し、医療保険を頼るケースは数多く見受けられます。しかし、じつはそれほどお金の負担は重くありません。ある程度の貯蓄があれば、心配はないと言えます。

公的健康保険の自己負担

● 自己負担は一般的に3割

	一般所得者等		一定以上所得者	現役並み所得者
75歳▶	1割負担		2割負担	3割負担
70歳▶	2割負担			
	3割負担			
6歳▶ 義務教育 就学後	2割負担			

自己負担は3割でいいんだ

高額療養費制度のしくみ

● 一般的な収入の人は月額約9万円ぐらい

70歳未満・年収約370万〜約770万円の場合（3割負担）

医療費100万円

窓口負担30万円

高額療養費　21万2570円

自己負担限度額　8万7430円

高額医療制度は、医療機関の窓口で医療費の自己負担を払っておいて、後に限度額を超えた部分が、償還される制度です。
あらかじめ病院の窓口に「限度額適用認定書」を提出することで、自己負担限度額のみの支払いですみます。

辛口コメント

医療保険で備えるよりも、貯蓄で備えたほうが合理的です。

021

高額療養費制度はどんな制度なのか?

限度額適用認定証を準備しておこう

健康保険では、治療費の自己負担は3割です。ただ、入院や手術となったら、100万円くらいかかることもあります。自己負担3割といっても、30万円です。しかし、治療費が高額になったときも、**高額療養費制度があるので、一定以上の負担は生じません。**

高額療養費制度は、所得に応じて限度額が決まっています。限度額を超えた分は、あとで払い戻されます。

注意したいのは、治療費の計算が月ごとに行われることです。月をまたいで治療を受けた場合は、それぞれの月で計算されます。

もし、入院や手術の予定が事前にわかっているときは、**「限度額適用認定証」**を用意しておきましょう。病院の窓口での支払いが、高額療養費が適用された金額のみですみます。

また、治療が長引いた場合は、さらに負担が軽くなる**「多数回該当高額療養費」**があります。これは1年(直近12ヵ月)に、高額療養費で3回以上払い戻しを受けると、4回目から自己負担額が下がるという制度です。

右の表に、70歳未満の数字を紹介しました。70歳以上は異なりますので、ご注意ください。

高額療養費制度のしくみ

● 自己負担額の上限は

所得区分	自己負担の上限額	多数回該当
区分ア 年収約1160万円以上 （標準報酬月額83万円以上）	25万2600円＋ （医療費－84万2000円）×1%	14万100円
区分イ 年収約770万～1160万円 （標準報酬月額53万～79万円）	16万7400円＋ （医療費－55万8000円）×1%	9万3000円
区分ウ 年収約370万～770万円 （標準報酬月額28万～50万円）	8万100円＋ （医療費－26万7000円）×1%	4万4400円
区分エ 年収約370万円以下 （標準報酬月額26万円以下）	5万7600円	4万4400円
区分オ 低所得者（住民税非課税）	3万5400円	2万4600円

● 多数回該当高額療養費

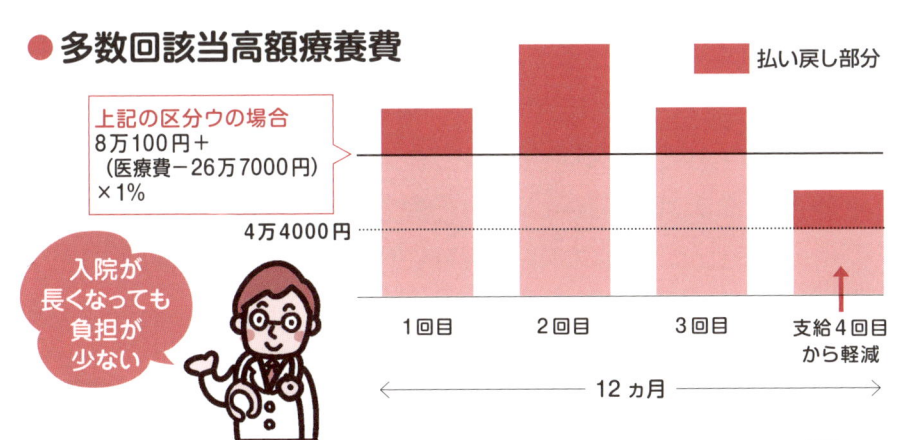

上記の区分ウの場合
8万100円＋
（医療費－26万7000円）
×1%

4万4000円

■ 払い戻し部分

1回目　2回目　3回目　支給4回目から軽減

← 12ヵ月 →

入院が長くなっても負担が少ない

辛口コメント　高額療養費制度を使えるため、自己負担は意外とかかりません。

022

入院したときに
かかる費用は?

足の手術で2週間ですね。

　医療保険より、貯蓄で備えたほうが合理的です。とはいっても、入院したときのことを考えると、やはり不安がつきまといます。

　入院・手術となったら、費用はどのくらいかかるのか。そして、医療保険に入っていたときと、入っていなかったときとでは、どれくらいの差があるのか。

　具体的に比較してみましょう。

　例は、筆者が2014年に足の手術で14日間入院した際、実際にかかった費用です。14日間の入院は、少し長めです。

　治療費の総額は114万円で、自己負担額は8万9000円。食費・その他の費用が5万5000円。入院にかかった費用の総額は、14万3720円です。

　では、医療保険に加入していた場合を考えてみましょう。

　月額の保険料が3000円、保障内容は入院日額5000円、手術給付金1万円です。入院給付金7万円と手術給付金1万円で、合計8万円受け取れます。保険料の年額は3万6000円なので、**2年分の保険料と給付金が近い金額です。**

　つまり、**2年以上入っていたら、損になります。**

14日間の入院でかかる費用

● 14日間の入院での自己負担額

自己負担額	**8万9000円**	総額114万円×0.3（3割負担） ＝34万2000円 高額療養費から25万3000円
差額ベッド代	**4万5360円**	1泊3240円×14日分
食費	**9360円**	自己負担額1食260円×12日分
合計	**14万3720円**	

● 医療保険に加入していた場合

入院給付金	**7万円**	入院給付金5000円×14日
手術給付金	**1万円**	
合計	**8万円**	

医療保険の月額保険料
3000円

年間保険料3万6000円
2年分の保険料は7万2000円

2年間の
保険料と
給付金額は
同じくらいか

辛口コメント

給付金を受け取ると得した気分になりますが、
保険料を考えれば、多くの場合が損になります。

023

傷病手当金とは どんな 制度なのか?

もう、働けない！

　会社員や公務員は働けない状態になっても、すぐに収入がなくなってしまうことはありません。傷病手当金があるからです。

　病気やケガで3日以上連続して休んだ場合、**4日目から給与の3分の2を受け取れます。**支給される期間は、**最長で1年半**です。それ以上、働けない状態が続いているときは、**障害年金**を受給できます。

　会社を辞めてからも、働けない状態が続いている場合、いくつかの要件を満たせば、傷病手当金を継続して受け取れます。

　会社員や公務員はこのように手厚い保障があり、お金の心配は軽減されます。

　しかし、自営業者やフリーランスは、傷病手当金がありません。働けない状態になったら、すぐに収入が途絶えてしまうおそれもあるでしょう。貯蓄が十分にあればいいのですが、そうでない場合は「就業不能保険」などで備える必要があります。

　病気やケガで働けないといっても、入院しているとは限りません。自宅療養は、医療保険では保障の対象外です。また、医療保険は入院限度日数が60日型という商品が多いので、長期の入院には対応しきれないこともあります。

傷病手当金のしくみ

● 会社を休んで4日目から支給

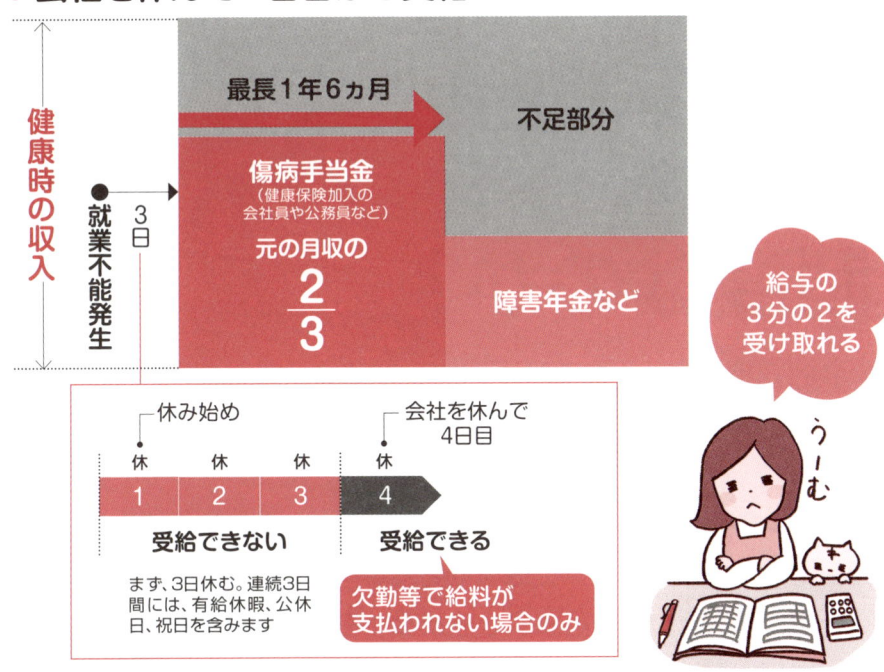

健康時の収入

最長1年6ヵ月

不足部分

就業不能発生

3日

傷病手当金
（健康保険加入の
会社員や公務員など）

元の月収の

$\frac{2}{3}$

障害年金など

給与の
3分の2を
受け取れる

休み始め

会社を休んで
4日目

休	休	休	休
1	2	3	4

受給できない　　受給できる

まず、3日休む。連続3日間には、有給休暇、公休日、祝日を含みます

欠勤等で給料が
支払われない場合のみ

傷病手当の例

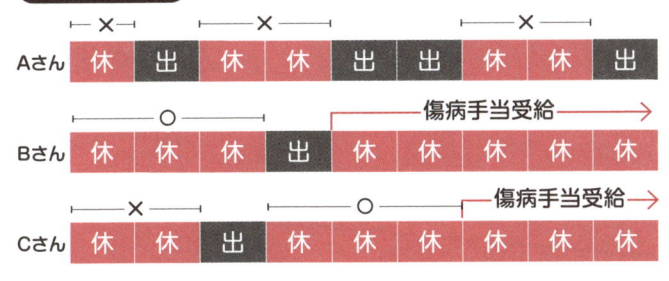

	×			×			×	
Aさん 休	出	休	休	出	出	休	休	出

	○			傷病手当受給→				
Bさん 休	休	休	出	休	休	休	休	休

	×			○	傷病手当受給→			
Cさん 休	休	出	休	休	休	休	休	休

○は連続3日、×は連続3日未満

会社員や公務員なら、いきなり収入がゼロになる心配はありません。給与の3分の2が傷病手当金として支給されます。支給期間は最大で1年6ヵ月（出勤日は除く）です。

辛口コメント

支給期間は通算で1年半です。
出勤して給与を受け取った分は含まれません。
1年半を超えると障害年金の対象に。

024

介護保険とはどんな制度なのか？

私の自己負担はどのくらい？

　公的介護保険は、介護が必要になったとき、介護サービスを受けられる社会保障です。40歳以上の人が加入し、保険料を納めます。

　40歳から64歳までは、特定の病気（16の疾患）によって要介護状態になった場合のみが保障の対象です。65歳以上は要介護になった原因を問わず、介護サービスを受けることが可能です。

　そのためには、要介護認定を受ける必要があります。介護の度合いに合わせ、要支援1〜2、要介護1〜5の7段階に分かれています。

　要介護認定を受けると、**原則1割の自己負担で介護サービスを利用できます。**要介護度ごとに、1ヵ月あたりのサービス支給限度基準額が決まっています。限度額までは、かかった費用の1割を支払えばいいいわけです。

　公的介護保険は現物支給、民間の介護保険は現金支給。ここが両者の違いです。

　要支援1から保障があり、要介護度が上がるにつれ、限度額も上がっていきます。このように公的介護保険はたいへん手厚いのですが、支給限度額を超えた分は自己負担になります。貯えに不安があるときは、不足分を民間の介護保険で備えるようにしましょう。

介護年金の受給額

● 条件によって自己負担の割合は変化する

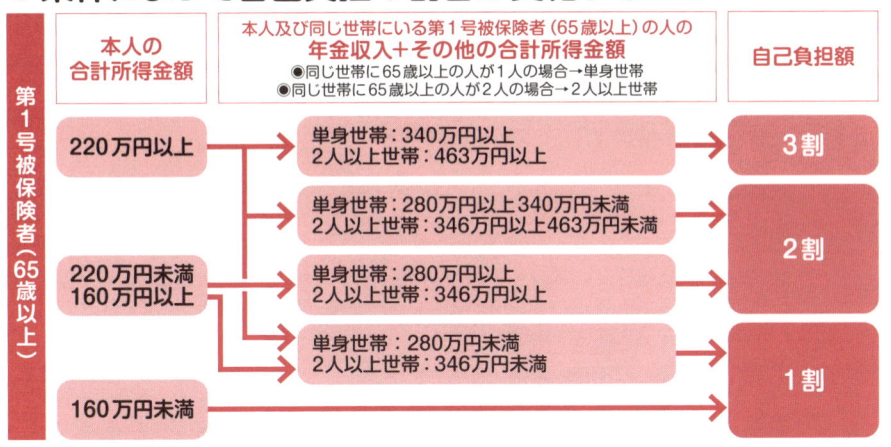

第1号被保険者（65歳以上）	本人の合計所得金額	本人及び同じ世帯にいる第1号被保険者（65歳以上）の人の**年金収入＋その他の合計所得金額** ●同じ世帯に65歳以上の人が1人の場合→単身世帯 ●同じ世帯に65歳以上の人が2人の場合→2人以上世帯	自己負担額
	220万円以上	単身世帯：340万円以上 2人以上世帯：463万円以上	3割
	220万円未満 160万円以上	単身世帯：280万円以上340万円未満 2人以上世帯：346万円以上463万円未満	2割
		単身世帯：280万円以上 2人以上世帯：346万円以上	2割
		単身世帯：280万円未満 2人以上世帯：346万円未満	1割
	160万円未満		1割

要支援・要介護の目安と限度額

● 段階が上がるにつれ、限度額も上がる

区分		要介護・要支援認定の目安	1ヵ月の支給限度額	自己負担額（1割負担の場合）
軽↑介護予防↓介護↓重	要支援1	**日常生活の一部について介助を必要とする状態**／入浴や掃除など、日常生活の一部に見守りや手助けなどが必要	5万320円	5032円
	要支援2	**生活の一部について部分的に介護を必要とする状態**／食事や排泄など、時々介助が必要。立ち上がりや歩行などに不安定さがみられる	10万5310円	1万531円
	要介護1	ことが多い。この状態のうち、介護予防サービスにより状態の維持や改善が見込まれる人は要支援2	16万7650円	1万6765円
	要介護2	**軽度の介護を必要とする状態**／食事や排泄に何らかの介助が必要。立ち上がりや歩行などに何らかの支えが必要	19万7050円	1万9705円
	要介護3	**中等度の介護を必要とする状態**／食事や排泄に一部介助が必要。入浴などに全面的な介助が必要。片足での立位保持ができない	27万480円	2万7048円
	要介護4	**重度の介護を必要とする状態**／食事に一部介助が必要。排泄、入浴などに全面的な介助が必要。両足での立位保持ができない	30万9380円	3万938円
	要介護5	**最重度の介護を必要とする状態**／日常生活を遂行する能力は著しく低下し、日常生活全般に介護が必要。意思の伝達がほとんどできない	36万2170円	3万6217円

辛口コメント

介護生活は、介護する側にも大きな負担です。
できるだけ公的介護保険を賢く使いましょう。

保険料はどうやって決まるの？

　ほとんど同じ保障内容でも、商品によって保険料が大きく違います。生命保険の保険料は、どうやって決まるのでしょう。

　保険料は「純保険料」と「付加保険料」の2つで成り立っています。

「純保険料」とは原価のようなもので、死亡した場合の保険金、病気になったときの給付金などに必要なお金です。保険では「収支相等の原則」というものがあり、支払う保険料と給付の総額が等しくなるようにしています。

「付加保険料」とは、事業を行うためのお金です。人件費や宣伝広告費、商品開発のコストなどのほか、会社を継続的に運営していく儲けも含まれます。

　純保険料は「予定死亡率」と「予定利率」を基に計算されます。「予定死亡率」とは、年齢・性別による死亡率です。一方、付加保険料は「予定事業率」で計算されます。

　純保険料は同じデータを使っているので、どの生命保険会社も似たような数字になっていると思います。つまり、保険料の差は付加保険料の部分にあるのです。

　営業職員が多くいればそれだけ人件費がかかりますし、多数のCMを出せば宣伝広告費がかさみます。

　ただし、付加保険料は公表されていないため、どのくらいなのかはよくわかりません。唯一公表しているライフネット生命では、3割から4割となっています。

第4章

1分でわかる！
生命保険の
しくみ

具体的な商品選びに入る前に、
保険のしくみを理解しておきましょう。
この章では、ジャンルごとの特徴や、
選ぶ際のポイントを説明していきます。

025

保険は助け合いから始まった

みんなの幸せを！

　お得な保険はありません。しかし、必要のない保障に入っていれば、損になるとは思います。

　そもそも**保険に「損」「得」は当てはまらないのです。**

　たとえば、60歳までの3000万円の定期保険に入っていたとします。60歳までに死亡しなかったら、損ですか？　得ですか？

　保険金・給付金を受け取るということは、何らかの不幸や不運が起きたことを意味します。けっして喜べる事態ではありません、しかし、保険に入っていて助かった、最悪の状態から抜け出せたということはあるでしょう。

　保険とはリスクヘッジなのです。

　保険のもともとの役割は、多くの人からお金を集めて、困ったときにそのお金を役立てることです。「万人はひとりのために、ひとりは万人のために」という**「相互扶助」**が基本のしくみです。

　とはいえ、読者のみなさんにわかりやすいよう、本書では「損」「得」という表現を使っています。

　保険で得をするのではなく、**ムダのない入り方**といった感覚でとらえていただければと思います。

生命保険のしくみ

● 生命保険は相互扶助が基本

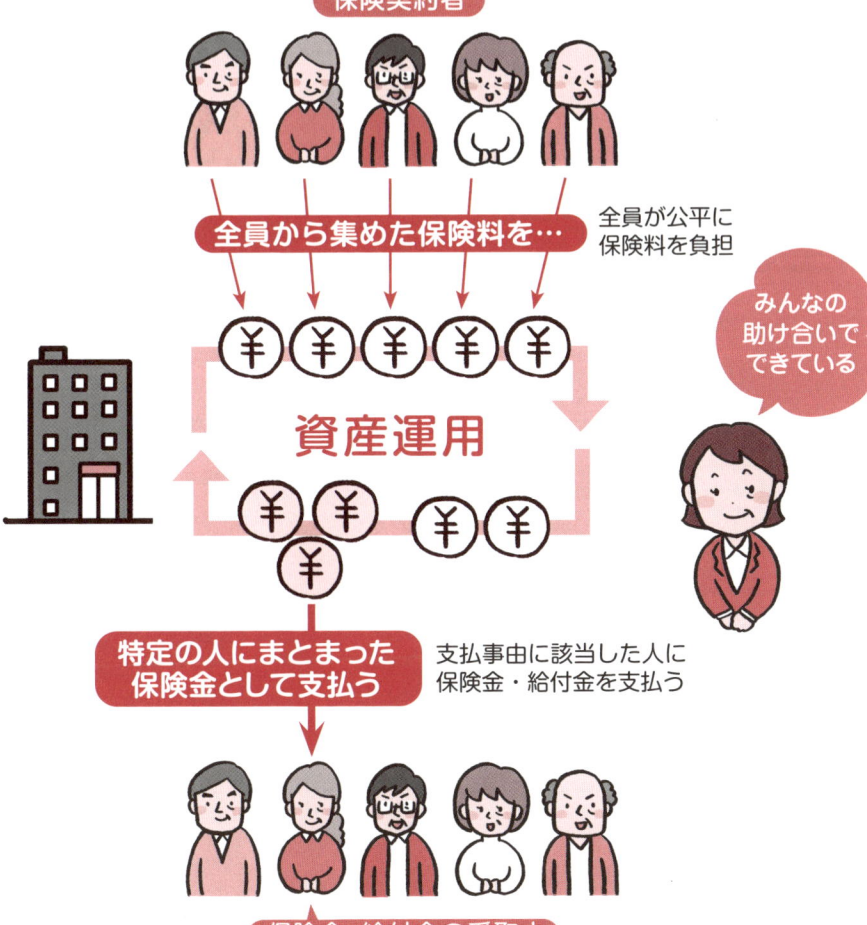

保険契約者

全員から集めた保険料を…

全員が公平に保険料を負担

みんなの助け合いでできている

資産運用

特定の人にまとまった保険金として支払う

支払事由に該当した人に保険金・給付金を支払う

保険金・給付金の受取人

辛口コメント

保険とは、
じつは「不幸の宝くじ」のようなものです。
当たらないほうがラッキーです。

026

貯蓄は三角、保険は四角の理由は

だから
保険は
四角なんだ

　貯蓄は三角、保険は四角だと言われます。

　この意味、わかりますか。

　貯蓄は、コツコツ積み上げていきます。一般的に20代の貯蓄は多くありません。年齢を重ねるにつれてそれが増えていき、60代にはだいたい老後のための資産形成ができてきます。

　右肩上がりで貯めていくため、三角なのです。

　一方、保険は最初からドンッと大きい保障がつきます。保険期間中はそれがずっと続くので、四角と表現されるわけです。

　三角の山を登り始めたころに大きなトラブルに見舞われたら、貯蓄ではカバーしきれません。そんなふうに大きなお金が必要になるリスクをフォローしたいときこそ、保険が役に立ちます。

　上手な使い方は、**少額で大きなリスクをカバーする**こと。たとえば、定期保険に加入すると、月額2000円くらいの保険料で、3000万円の保障を得ることができます。どのジャンルを選ぶのかも、重要になってきます。

　そうやって保険で備えながら、同時にコツコツと貯蓄もしていきましょう。**保険と貯蓄の両輪で備えるのが、賢い方法です。**

生命保険と貯蓄の違い

● 貯蓄は右肩上がり、保険は最初から一定

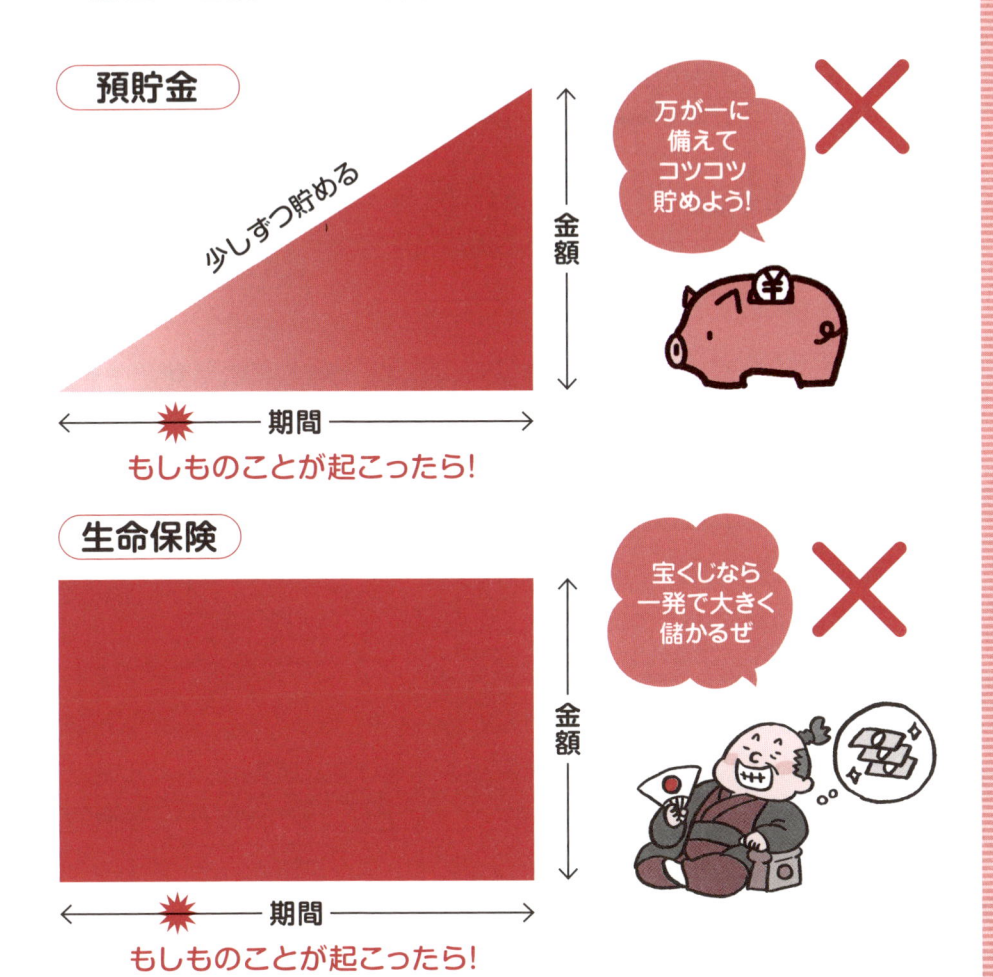

預貯金

少しずつ貯める

金額

期間

もしものことが起こったら！

万が一に備えてコツコツ貯めよう！

生命保険

金額

期間

もしものことが起こったら！

宝くじなら一発で大きく儲かるぜ

辛口コメント

四角だけではダメ、三角だけでもダメ。
両方を賢く使い分けることが大切です。

027

掛け捨ての保険は本当に「損」なのか

掛け捨ては
もったいない！

異議あり！

　掛け捨ては「損」、お金が戻ってくるほうが「得」だと思っている人がいます。これは誤解です。**少ないお金で大きな保障を得られる**ことが、保険のメリットです。本来の役割から考えると、掛け捨てのほうが「得」なのです。掛け捨ての代表格「定期保険」と、解約返戻金がある貯蓄型の「終身保険」を比べてみましょう。

　右の図は、どちらも40歳男性、死亡保険金1000万円です。

　定期保険の保険料は月額2886円。対して、終身保険の保険料は月額3万4510円です。**月に3万円以上違います。**もちろん、終身保険は解約返戻金があり、必ず受け取ることができます。定期保険は60歳までの間に死亡しなければ、何も戻ってきません。保険料だけで単純に比較するのは難しいのですが、終身保険でリスクに備えると、家計を圧迫することになります。

　また、医療保険などでは、健康祝い金を受け取れるタイプの商品もあります。「健康だとお金がもらえるなら得！」だと思った方は早計です。これは得ではありません。このタイプは保険料が少々高め。健康祝い金は、自分で積み立てたお金が戻ってくるというイメージで考えてください。

生命保険は掛け捨ての方が合理的

● 少ないお金で大きな保障が買える

定期保険のほうが
3万円以上も安い

終身保険

定期保険

終身保険の場合

- ●40歳男性で
60歳払込満了
- ●1000万円の保障

月額

3万4510円

掛け捨て型と
貯蓄型では
こんなに
違うの！

定期保険の場合

- ●40歳男性で
60歳払込満了
- ●1000万円の保障

月額

2886円

辛口コメント 掛け捨ては「もったいない！」と思うことが、
もったいない選択につながります。

028

「主契約」と「特約」って何?

主契約は親ガメ?

　保険商品は、「主契約」と「特約」の組み合わせでできています。

　主契約とは、その保険商品の基本となる保障です。つまり主役ですね。特約は、主契約の保障を補うもので、いわゆるオプションのような感じです。特約をつけることで、さらに保障が充実します。

　一般的に、**特約だけでは契約ができません。**そして、主契約の契約が満期や解約になると、**特約も消滅します。**

　特約は組み合わせが自由ですが、商品によっては取り外しのできない特約もあります。

　特約をたくさんつければいい保険になるかといえば、特約も保険料がかかるので、どんどん高い保険になっていきます。**特約のつけすぎには注意が必要です。**

　とくに、日本の大手保険会社の商品は、非常に多くの特約がついていることがよくあります。特約の保険料が主契約の3倍になっているケースも珍しくありません。

　がんの保障を特約と単独の保険で比較すると、単独の保険のほうが保障は充実しています。

　必要な特約だけに絞ることが賢い保険の入り方です。

主契約と特約の関係

● ベースが主契約、オプションが特約

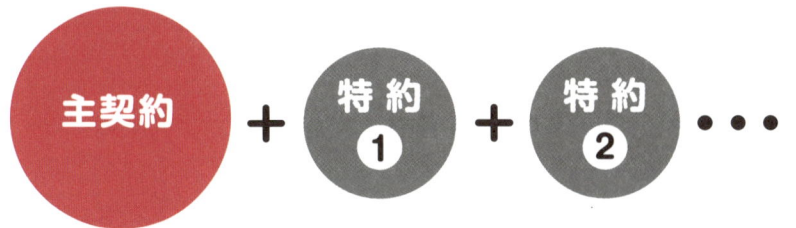

主契約：基本となる保障
特約①・特約②…：オプション

生命保険は「主契約」と「特約」で構成されています。主契約は基本の保障で、特約はオプションです。主契約はひとつですから、たくさんついている保障はすべて特約です。特約にも保険料がかかるので、必要な保障を見極めましょう。

終身保険に定期保険特約を組み合わせた例

特約	**定期保険特約** 60歳までなどの、一定期間内の死亡保険
主契約	**終身保険** 一生涯の死亡保障

死亡したときに受け取れる金額

定期保険特約で一定期間の死亡保障を手厚くする。例えば、子どもが独立するまでの期間など。

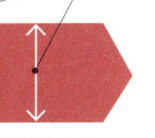

特約の見直しは必要ね

医療保険にいくつかの特約を組み合わせた例

特約	先進医療特約
特約	自由診療特約
主契約	医療保険（終身タイプ）

医療保険専用の必要な特約を付加することができる。

辛口コメント

不必要な特約が多すぎます。特約を整理するだけで、保険料が節約できます。

029

保険料の払込についての注意点

兎の寿命は
7〜8年
10年定期でOK？

　保険は超長期の契約になります。

　といっても、保障される期間によって、大きく2種類に分けられます。**「定期保険」**と**「終身保険」**です。

　定期保険は、一定期間を保障する保険です。死亡保険では「死亡定期保険」「収入保障保険」がこれに当たります（死亡定期保険は一般的に「定期保険」と呼ばれています）。

　また、「就業不能保険」も保障は一定期間ですし、がん保険や医療保険にも定期保険タイプがあります。

　定期保険では、更新をするときに年齢が上がっています。そのため、通常は保険料も高くなります。

　終身保険は、一生涯を保障する保険です。死亡保険では「終身保険」になります。医療保険やがん保険も、多くの商品は終身保険です。

　注意したいのは、保険料の払込期間です。終身保険には、**「有期払い」**と**「終身払い」**があります。

　有期払いは、一定期間で保険料の払込が終わります。その分、保険料は高くなります。**終身払いは、生きている限り、保険料を払い続ける**ことになります。そのかわり、保険料は変わりません。

終身払いと有期払い

● 終身払いの方が保険料は安い

終身払い

死亡・高度障害保険金

▲契約
←―――保険料払込期間―――→

有期払い

死亡・高度障害保険金

▲契約　　　　　　　　　▲払込期間満了
←―――保険料払込期間―――→

更新型と全期型

● 更新型は保険料が上がっていく

更新型

10年　10年　10年　10年

保障額

保険料

▲契約　▲自動更新　▲自動更新　▲自動更新　▲契約満了

一定期間（例：10年）ごとに更新するタイプ

全期型

40年

保障額

保険料（一定）

▲契約　　　　　　　　　▲契約満了

全期間（例：40年）を保険期間とするタイプ

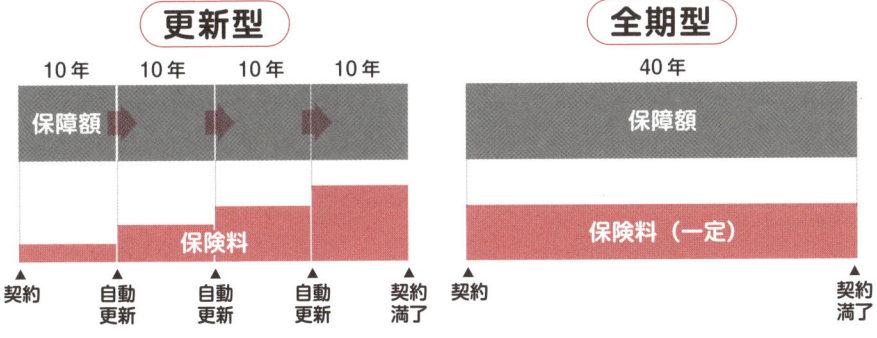

どちらを選ぶかは家計の状態で

保険料はずっと変わらないが、契約するときの保険料は、更新型より高くなる。

辛口コメント　終身払いは保険料は割安ですが、一生払うことを忘れてはいけません。長生きすると、死亡保険金より払い込んだ保険料のほうが高くなることもあります。

030

保険の
ジャンル分け

保険の種類って
いろいろ
あるんだなぁ〜

　保険は、本当にたくさんの商品が販売されています。どれを選ぶか悩んでしまいます。

　保険はリスクに応じて、いくつかのジャンルに分かれています。

　たとえば、子どもがいる家庭（扶養家族がいる家庭）は、死亡リスクに備える必要があります。こんなふうに**日常生活のリスクに当てはめると、自分に必要な保険が見えてきます。**

　死亡に備えるには、「終身保険」「定期保険」「収入保障保険」など。

　病気やケガに備えるには、「医療保険」「がん保険」「三大疾病保険」「就業不能保険」など。

　貯蓄に備えるには、「学資保険」「個人年金保険」「終身保険」など。

　介護に備えるには、「介護保険」「認知症保険」など。

　その他、「外貨建て保険」「変額保険」「引受基準緩和型保険」などがあります。

　個別に見ると、さまざまな商品が存在しますが、リスクに対応する保険を選べばよいのです。

　次の項目からは、それぞれのジャンル別にしくみや選び方を解説していきましょう。

生命保険の種類

●リスクからわかる保険のジャンル

リスク	保障内容	保険のジャンル
死亡保障	▶死んだときの保障。残された遺族のために必要な保険	終身保険 定期保険 収入保障保険
病気やケガ	▶病気やケガで入院や手術したときの費用の補てん ▶大きな病気の治療費の補てん ▶病気やケガなどで働けなくなったときの保障など	医療保険 がん保険 特定疾病保険 就業不能保険
子どものための保障	▶子どもの教育資金の補てん	学資保険
老後のための保障	▶老後資金の補てん	個人年金保険 変額保険 外貨建て保険 養老保険
介護のための保障	▶要介護になった時の保障	介護保険 認知症保険
持病のある人	▶持病がある人のための医療保険、定期保険、収入保障保険など	引受基準緩和型保険 無選択型保険

リスクに対応した
保険選びをすれば
いいんだ!

辛口コメント

自分のリスクに合わせて、
必要なジャンルを確認してください。

031

終身保険のしくみ

一生涯の保障がある

「終身保険」は、貯蓄型の保険です。死亡すると死亡保険金が出ます。また、途中で解約したら解約返戻金が戻ってきます。保障は一生涯続き、必ず保険金を受け取れることが特徴です。その分、保険料は高めになっています。

　保険料の払込が満了したあと、死亡保障を継続するほか、介護保険に変更できたり、個人年金として受け取れる商品もあります。

　低解約返戻金型の終身保険は、保険料の払込期間中の解約返戻金を、**通常の終身保険に比べて70%程度に抑えるタイプ**です。それによって、保険料が安くなっています。

　終身保険は貯蓄型ではあるのですが、実際のところ、ほとんどお金は増えません。なぜなら、金利がまだ低いからです。それほど増えないのですから、あまり魅力的な商品とは言えません。

　しかし、相続対策として使うなら話は別です。税制優遇があるので、とても有利な商品だと言えます。

　円建ての終身保険は利率が低いので、外貨建ての終身保険が人気になっています。ただし、為替リスクがあり、手数料まで考えると、オススメできる商品ではありません。

終身保険のしくみ

● 一生涯の保障を得る

終身保険

必ず
受け取れる

← 一生涯続く →

低解約返戻金型終身保険のしくみ

● 払込満了になると解約返戻金が増える!

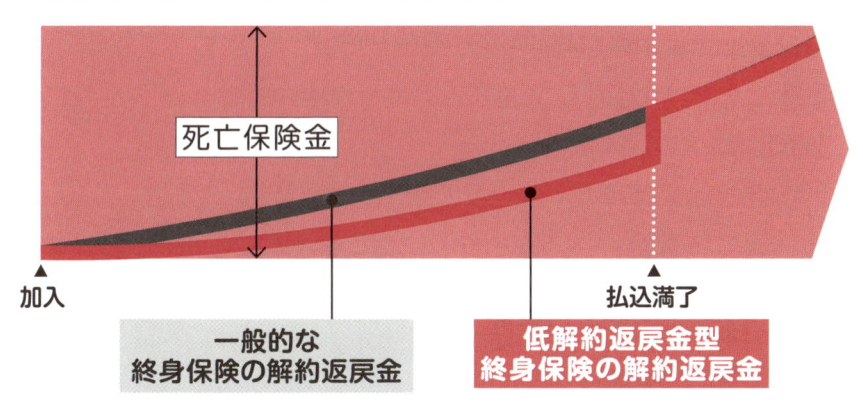

死亡保険金

加入

払込満了

一般的な
終身保険の解約返戻金

低解約返戻金型
終身保険の解約返戻金

低解約返戻金型は、保険料払込期間中の解約返戻金が、通常の終身保険に比べて70％程度に抑えられます。払込が満了すると、解約返戻金は通常の終身保険と同じレベルになります。払込満了時の解約返戻金は、払い込んだ保険料と同程度です。

辛口コメント

予定利率が低いので、貯蓄機能は魅力なし。
保障と貯蓄は分けて考えたほうが効率的です。

032

終身保険の選び方

金利上昇局面で入ると「損」なのね

　終身保険は、貯蓄と保障の両方の機能を持っています。

　選ぶときのポイントは、終身保険に入る目的を考えることです。

　相続税対策が目的なら、◎です。

　自分の葬式代は用意したいという目的ならば、○です。たしかに、子どもに迷惑をかけたくない気持ちはわかります。ただし、**インフレに弱い**ことは覚えておいてください。

　そして、**貯蓄目的で考えているのであれば、×です。**「保険は元本の保証があるから安心」だと考えている人が、多いのではないかと思います。

　亡くなった場合は、死亡保険金が満額出ます。しかし、途中で解約すると、戻ってくる解約返戻金は元本を割ります。また、払込満了になった時点でも、元本割れしているかぎりぎり超えているかといった程度で、増えてはいません。

　低金利時代ですから、これは仕方がありません。

　金利が少し上がり始めました。ですが、終身保険は固定金利なので、金利上昇局面で加入すると、損になります。慌てて飛びつかないように。

終身保険の選び方

● 終身保険が向いている人

☐ 相続税対策を考えている人

相続税対策で考えてみるか！

● 終身保険のチェックポイント

☐ 死亡保険金額

☐ 保険料の払込期間

☐ 予定利率

☐ 保険料払込免除特約の要件

☐ 解約返戻金の金額

☐ 途中で保険を変更することができるか？
（終身保険から介護保険や年金に変更できる商品がある）

終身保険を使った相続対策

● 相続税対策に関する3つのメリット

非課税枠（500万円×法定相続人）がある	現金で支払われる	受け取った人の固有の財産になる。相続分割の対象外

非課税分の相続税を少なくできる	納税資金、葬儀費などに活用できる	被相続人が指定した人に渡せる

辛口コメント 魅力の少ない商品です。
加入する目的をよく考え、ほかのジャンルとも
見比べましょう。

033

外貨建て保険・変額保険のしくみ

えっ、オススメの商品はない！

　円で運用しても魅力がないということで、金利の高いドルなどを使った外貨建て保険のニーズが高まりました。

　外貨建て保険とは、運用部分を円ではなく、外貨で運用する保険です。終身保険のほか、個人年金保険や介護保険などがあります。

　貯蓄性のある保険は、保障と運用の両方の機能を備えています。そのため、払い込んだ保険料は、保険のお金（一般勘定）と運用のお金（特別勘定）の2つに分かれます。保険料の全額が運用されるのではありません。

　変額保険は、投資信託などで運用されます。運用する投資信託を、国内株式・海外株式・債券など、選ぶことができます。

　増えるイメージがあるかもしれませんが、いずれも元本割れすることがあります。外貨建て保険は、為替リスクも考慮に入れなければなりません。また、複数の手数料がかかってくるため、効率の悪い投資だと言えます。

　外貨建て保険、変額保険を考えるのであれば、**新NISAなどを利用して運用したほうが効率的です。**

　基本的には、オススメできるような商品はありません。

外貨建て保険のしくみ

● 円高になると「損」、円安になると「得」

1ドル＝80 円のとき **400万円**

円高

外貨建て終身保険
5万米ドル
1ドル＝100円のとき500万円
保険料の支払いから保険金の受け取りまで外貨で行う。

円安

1ドル＝120 円のとき **600万円**

為替の影響を受ける!

変額保険のしくみ

● 運用によって増えるかもしれない

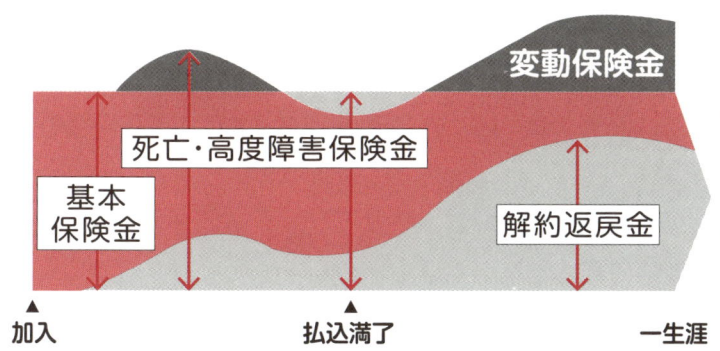

変動保険金

死亡・高度障害保険金

基本保険金

解約返戻金

▲ 加入　　　　▲ 払込満了　　　　一生涯

運用実績に応じて保険金や解約返戻金が変動する。運用が悪くても死亡の場合は基本保険金が保証される。

辛口コメント
手数料が高いので、どちらもオススメできない商品です。目先の利率に惑わされないこと。

O34
定期保険の
しくみ

娘が
独立するまでの
保障に

　定期保険は、保障を一定期間に絞った死亡保険です。保険期間の最初から最後まで、同額の保険金を受け取れます。

　たとえば、子どもが独立するまで、40歳から65歳の25年間入るといった形で利用します。

　定期保険の特徴は、小さなお金で大きな保障を得られることです。

　満期を決める方法は2つあります。

　10年、20年のように年数で決める**「年満了」（更新型）**と、60歳や65歳など年齢で決める**「歳満了」（全期型）**です。どちらを選択しても、保険料はまったく同じです。違いは、満期を迎えたときに更新できるかどうかです。

「年満了」は自動更新になりますが、「歳満了」は更新できません（保険会社によっては更新できる商品もあります）。

　定期保険は一定期間の保険ですから、とくに更新が必要なければいいのですが、満期間近で重篤な病気になったら、無条件で更新できると安心です。そう考えると、**使い勝手のよい「年満了」**を選んでおくほうがいいでしょう。ちなみに、更新する場合は年齢が上がっているため、保険料は上がります。

定期保険のしくみ

● 一定期間の保障がある

終身保険に比べれば保険料は安いです

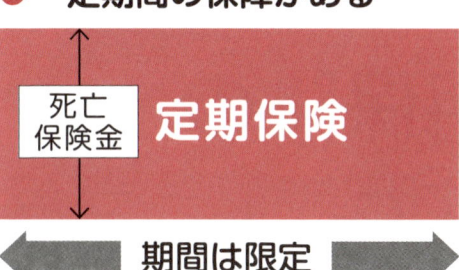

死亡保険金 定期保険

期間は限定

年満了と歳満了の違い

● 年満了は更新ができる

保険期間の決め方には「年満了」と「歳満了」があります。

◆ 年満了…10年、15年など「年数」で決める。

◆ 歳満了…60歳、65歳など「年齢」で決める。

年満了（20年）	（更新ができる）

▲2024年 加入　　　　　　　　　　　▲2044年 満期

歳満了	（更新ができない）

▲40歳 加入　　　　　　　　　　　▲60歳 満期

満期を迎えたとき、歳満了は更新ができません。一方、年満了はそのときにどんな健康状態であれ、告知を必要とせずに更新できます。保険料はどちらも同じですから、年満了で加入しておいたほうが使い勝手がいいと言えます。

辛口コメント　保障は必要な期間よりも、ちょっと長めに。たとえば、子どもの大学卒業まで18年なら、20年にしておくと安心です。

035
定期保険の
選び方

リスク細分型は安い！

　死亡・高度障害状態になったときに、保険金を受け取れる。

　このように定期保険はとてもシンプルな保険ですから、商品の比較も簡単です。

　死亡保険金を同じにして、自分の年齢、性別で保険料が安い商品を選べばいいのです。

　定期保険の中には、**リスク細分型の商品**もあります。自動車保険では、「保険料は走った分だけ」と、走行距離に応じて保険料が変わる商品があります。リスク細分型は、それと同じです。健康な人は保険料が安くなるしくみになっています。

　タバコを吸っておらず、血圧もBMIも一定の範囲内であれば、保険料が割り引かれます。

　右にリスク細分型保険の一例をあげました。

　非喫煙で血圧、BMIが所定の範囲にある人は、非喫煙優良体に分類されます。標準体の人に比べて、保険料が最大54％も割引になります。

　これらの項目に合致する人は、リスク細分型保険を選ぶと保険料がぐっと安くなるかもしれません。

定期保険の選び方

● 定期保険が向いている人

- [ ] 小さな子どもがいる家庭
- [ ] 扶養している家族（親族）などがいる場合
- [ ] 専業主婦
- [ ] その他、一定期間の保障が欲しい場合

● 定期保険のチェックポイント

- [ ] 死亡保険金額
- [ ] 保険期間
- [ ] 年満了か歳満了か
- [ ] 保険料払込免除特約の要件
- [ ] 途中で保険を変更することができるか？
  （定期保険から終身保険などに変更できる商品がある）
- [ ] 指定代理人請求があるか

リスク細分型保険の保険料 （例）

● 保険期間20年の場合のクラス別保険料比較

保険金額1000万円、35歳・男性

非喫煙優良体 ファーストクラス	月払保険料 **1580円**
非喫煙標準体 セカンドクラス	月払保険料 **1880円**
喫煙優良体 サードクラス	月払保険料 **2000円**
標準体 スタンダードクラス	月払保険料 **3460円**

保険料が最大54％割引

ダイエットに成功！リスク細分型に入れる

お得になる条件とは…

喫煙	☑ しない ☐ する
血圧	☑ ふつう ☐ 高い
体重	☑ ふつう ☐ 肥満または痩せ

リスク細分型保険は、健康状態によって保険料が変わります。タバコを吸わない、血圧やBMIも所定の範囲内であれば、リスク細分型を検討しましょう。保険料が安くなります。「優良体」「健康体」など健康区分の呼び方は保険会社によってさまざまです。

辛口コメント

シンプルな保険は選び方もシンプルに。
ポイントは、ズバリ保険料です。

036

収入保障保険の
しくみ

子育て世代には合理的

　収入保障保険は、保障を一定期間に絞った死亡保険です。

　定期保険と違うところは、死亡保険金の受け取り方。一括ではなく、**毎月年金のように受け取ります**（一括での受け取りも可能）。

　死亡時から保険期間が終了するまで支給は続きます。そのため、**死亡した時期によって、受け取れる保険金の総額が変わってきます。**

　右の図で解説しましょう。

　年金月額は15万円、保険期間は60歳満了です。

　契約後10年の40歳で死亡した場合は、総額3600万円の保険金を受け取れます。契約後20年では、総額1800万円になります。このように時間の経過とともに、死亡保険金の総額が減っていくことが特徴です。そのかわり、定期保険に比べても保険料はかなり安くなっています。子育て世代にはピッタリの保険だと言えます。

　なお、保険期間の満期間際の死亡に備えて、2年や5年などの「最低保証期間」が設けられています。

　たとえば、60歳満了で最低保証期間を5年に設定していたとします。もし、あと半年で60歳というときに死亡したら、死亡保険金は半年間ではなく、5年間受け取ることができます。

収入保障保険は子育て世代にはピッタリ

● 保障額は段階的に減っていく

子どもが成長するにつれ、教育費や生活費の負担は小さくなります。収入保障保険は、加入時の保障がもっとも大きく、だんだん減っていきます。

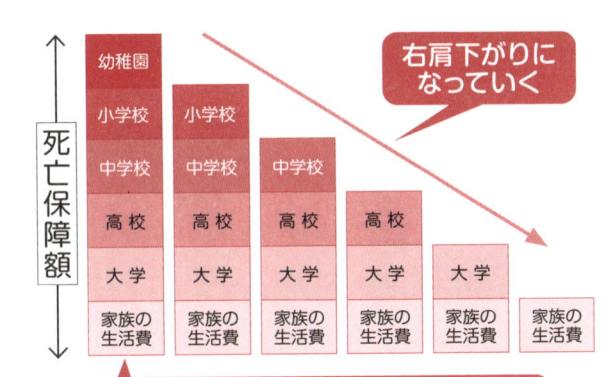

右肩下がりになっていく

死亡保障額

保障は加入した当初がいちばん大きい

支払保証期間とは

死亡保険金は毎月、年金のように受け取れる

30歳男性

年金月額15万円／保険期間・保険料払込期間：60歳満了／保証期間5年

40歳で死亡したとき（契約から10年1ヵ月目）
毎月15万円×12ヵ月×20年間
年金受取総額 **3600万円**

50歳で死亡したとき（契約から20年1ヵ月目）
毎月15万円×12ヵ月×10年間
年金受取総額 **1800万円**

59歳で死亡したとき（保険期間満了前5年以内）
毎月15万円×12ヵ月×5年間
年金受取総額 **900万円**

亡くなる時期で保険金額は変わる

▲30歳　▲40歳　▲50歳　▲60歳満了

死亡する時期によって、受け取る保険料総額が変わります。加入時がもっとも多く、しだいに減っていきます。ただし、保険期間が終了する間際の死亡に備えて、2年や5年といった保証期間が設けられています。

辛口コメント
子育て世代には、合理的な保険です。子どもの成長に合わせて保障額が減っていくので、見直しの手間も省けます。

037

収入保障保険の
選び方

お父さんに
禁煙を
勧めてみる？

　定期保険と同じように、年金月額を同じにして、保険料の安い商品を選んでください。**収入保障保険の多くがリスク細分型を採用しているので、自分の健康状態に合うかどうかも確認しましょう。**

　ちなみに、非喫煙・喫煙には、コチニン検査があります。非喫煙の期間が2年以上だと、非喫煙保険料率になります（1年以上でOKの保険会社もあります）。以前はタバコを吸っていて通常の保険料だった人が禁煙した場合、**リスク細分型の保険に入り直したほうが保険料が安くなるかもしれません。**

　また、コンバージョン（変換機能）といって、保険期間の途中で別の保険に乗り換えられる商品もあります。

　収入保障保険は、時間の経過とともに保険金の総額が減っていく、合理的なしくみになっています。しかし、もしも保険期間の途中で病気にかかり、余命が短いと宣告されたら？　その間、保険金が減り続けては不安でしょう。そこで、定期保険など違う保険に乗り換えるのです。定期保険に乗り換えると追加の保険料が必要かもしれませんが、一定の死亡保険金を確保することができます。保険金を受け取る出口についても、使い勝手のよい保険を選びたいものです。

収入保障保険の選び方

● 収入保障保険が向いている人

- ☐ 小さな子どもがいる家庭
- ☐ 少ない保険料で
  大きな保障を得たい場合

リスク細分型
のほうが
保険料が
安い

● 収入保障保険のチェックポイント

- ☐ 年金月額
- ☐ 保険期間
- ☐ 支払保証期間
- ☐ 保険料払込免除特約の要件
- ☐ 健康体料率の有無と要件
- ☐ 途中で保険を変更することが
  できるか？
  （途中で定期保険や終身保険に
  変更できる商品がある）

収入保障保険のコンバージョン

● 変更できる商品のほうが使い勝手がよい

47歳
余命宣告10ヵ月

そうか、余命を
宣告されたら、
保険内容の
変換だな

収入保障保険

長生きすればするほど、
保障額が少なくなる

▲47歳　　▲55歳

収入保障保険

変更！

定期保険

辛口コメント
非喫煙者で健康体なら、
リスク細分型をチェック。入り直したほうが
保険料が安くなることもあります。

038

医療保険の
しくみ

1日だけの入院です

　医療保険は、病気やケガで入院したときを保障する保険です。「日ごろの生活や将来に向けて不安な項目」について生命保険文化センターが調査したところ、もっとも多かった回答は「自分が病気や事故に遭うこと」でした。実際、医療保険は新規契約件数でもトップです。

　人気の高い医療保険ですが、みなさんのイメージとは違い、じつはそれほど**優先度の高い保険ではありません**。

　医療保険のしくみをご説明しましょう。

　基本は、「入院」＋「手術」＋「特約」で構成されています。しかし、実際の商品は非常に複雑にできています。

　各保険会社は入院給付金を細分化しています。入院日数に連動するタイプまたは入院一時金など、保障内容が異なるため、比較がとても難しくなっています。

　特約の種類も多く、入院延長特約、通院特約、三大疾病特約、先進医療特約、保険料払込免除特約など、さまざまです。保険会社によって名称も違い、適用範囲も異なります。

　入院や手術となっても、高額療養費制度が使えます（詳しくは56ページ）。自己負担は少ないため、ある程度の貯蓄で対応できます。

入院日数ってどのくらい？

● 7割近くが2週間以内に退院している

平均の入院日数は32.3日です。ただ、これは長期の入院を必要とする精神疾患、結核、脳血管疾患なども含めた全体での数字です。実際は、7割近くが14日以内に退院しています。

1週間で退院です

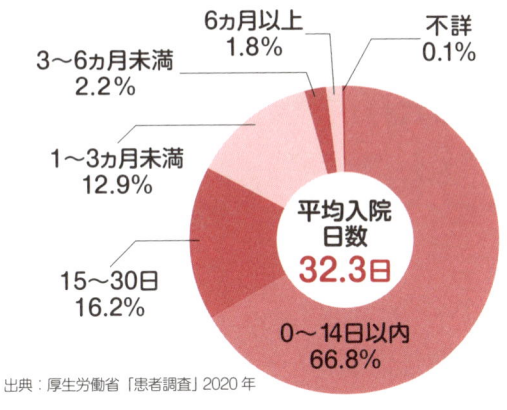

平均入院日数
32.3日

6ヵ月以上 1.8%
不詳 0.1%
3〜6ヵ月未満 2.2%
1〜3ヵ月未満 12.9%
15〜30日 16.2%
0〜14日以内 66.8%

出典：厚生労働省「患者調査」2020年

入院1日あたりいくら必要か？

● 1日1万円代が約3割

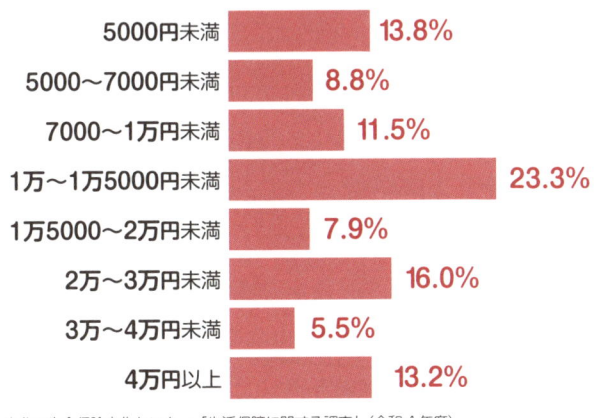

5000円未満	13.8%
5000〜7000円未満	8.8%
7000〜1万円未満	11.5%
1万〜1万5000円未満	23.3%
1万5000〜2万円未満	7.9%
2万〜3万円未満	16.0%
3万〜4万円未満	5.5%
4万円以上	13.2%

出典：生命保険文化センター「生活保障に関する調査」（令和4年度）

自己負担の平均は、1日あたり2万700円です。しかし、全部が医療費ではありません。差額ベッド代、食事代、交通費（お見舞いの人を含む）、日用品代、病院着のレンタル代なども含まれています。

＊過去5年間に入院し、自己負担を支払った人をベースに集計。
＊高額療養費制度を利用した場合は利用後の金額。
＊医療費・食事代・差額ベッド代に加え、交通費（見舞いに来る家族の交通費も含む）や衣類、日用品費などを含む。

辛口コメント

多くの人が加入していますが、じつは医療保険は優先度の低い保険です。

039
入院保障についての考え方

入院しないと
給付金は出ない！

　入院は短期化しており、以前のような入院日数連動型は時代に合わなくなっています。そこで、入院日数にかかわらず、まとまった金額を受け取れる**一時金タイプが増えています。**

　たとえば、入院日額5000円で2日入院したら給付金は1万円ですが、一時金の場合は1日でも入院すると5万円や10万円の給付金が出ます。

　また、入院日数型は、**入院限度日数60日型が主流です**。60日型だと、60日を超えて入院したとしても、それ以上の給付金は出ません。同じ病気で入院した場合、入院と入院の間が180日空けば、給付金が出ます（保険会社により日数は異なります）。ただし、違う病気であれば、180日の間を空けなくても大丈夫です。また、入院延長特約をつけると、入院が長くなる三大疾病、八大疾病にも備えられます。

　通院特約もありますが、一般的に退院後の通院に対する保障です。**入院をせずに通院だけの治療を受けたときは、給付金は支払われません**。ちなみに、自宅療養は入院ではないので、医療保険から給付金が出ません。仕事ができない状態に対応するのは就業不能保険です。介護も同じで、自宅介護などは介護保険になります。

入院限度日数60日型の例

● 180日の間を空ける必要がある

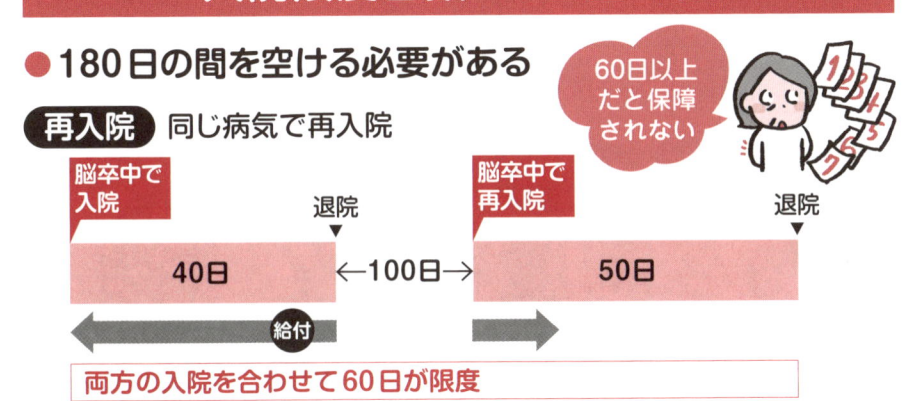

再入院 同じ病気で再入院

60日以上だと保障されない

脳卒中で入院　　退院　　脳卒中で再入院　　退院

40日　←100日→　50日

給付

両方の入院を合わせて60日が限度

別の入院 別の原因で入院

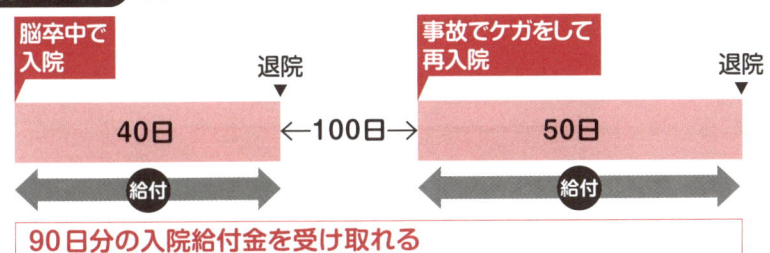

脳卒中で入院　　退院　　事故でケガをして再入院　　退院

40日　←100日→　50日

給付　　給付

90日分の入院給付金を受け取れる

再入院 同じ病気で180日後に再入院

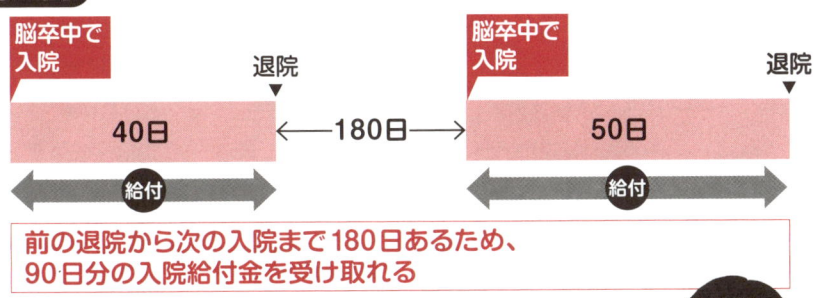

脳卒中で入院　　退院　　脳卒中で入院　　退院

40日　←180日→　50日

給付　　給付

前の退院から次の入院まで180日あるため、
90日分の入院給付金を受け取れる

辛口コメント

入院の短期化は、
これからもどんどん進んでいくでしょう。

040

医療費控除は
どんな制度なの？

確定申告が必要

医療費が年間10万円以上かかった場合は、「医療費控除」を使うと所得税や住民税が安くなります。「10万円は使っていないから、自分に関係ない」なんて思うのは軽率です。この**医療費とは、家族全員分を指します。**子ども、配偶者、おじいちゃん、おばあちゃん……すべての医療費を合計しての10万円です。歯の治療などをしていると、軽く10万円を越えているかもしれません。

医療費控除は、会社員や公務員であっても確定申告をする必要があります。税金が戻ってくるので、お得です。面倒がらずに行いましょう。

計算方法は右の通りです。

ここでひとつ要注意。**医療保険などから受け取った入院給付金・手術給付金は、年間の医療費から差し引きます。**医療保険で儲かったと喜んでいても、その分が引かれるため、税金の控除からは外れる可能性もあります。

また、セルフメディケーション税制もあります。

これは医療費控除の特例です。スイッチOTC医薬品を年間1万2000円以上購入すると、所得税の控除があるので、レシートを取っておきましょう。こちらも同じく確定申告が必要です。

医療費控除のしくみ

● 医療費から給付金を引いて計算

次の計算によって算出された医療費控除額に応じて、
税金の一部が還付されます。

1年間に支払った医療費（給付金、保険金等を引く※）	**−**	**10万円または所得総額の5%**（いずれか少ないほう）	**=**	**医療費控除額**（上限200万円）

※生命保険などから支給される給付金や、健康保険から支給される高額療養費、
出産育児金、一部負担還元金、家族療養費付加金等が含まれます。傷病手当金や出産手当金は含まれません。

確定申告に必要な書類

- ● 確定申告書（国税庁ホームページ上で作成可能）
- ● 医療費控除の明細書（集計表）
- ● 給与の源泉徴収票
- ● マイナンバーカードなど
- ● 還付金受取口座の預金通帳など

「確定申告」は、毎年2月16日から3月15日までの1ヵ月間。給与所得者による医療費控除等の還付申告については、1月からOK。

医療費控除の対象となる費用の例

- ▶ 医療機関に支払った医療費
- ▶ 治療のための医薬品の購入費
- ▶ 通院費用、往診費用
- ▶ 入院時の食事療養・生活療養にかかる費用負担
- ▶ 歯科の保険外費用
- ▶ 妊娠時から産後までの診察と出産費用
- ▶ あんま、指圧、はり、きゅうの施術費
- ▶ 義手、義足などの購入費
- ▶ 医師の証明がある6ヵ月以上の
  寝たきりの人のおむつ代…など

家族全員の医療費を合算できる

辛口コメント

1年間にかかった医療費は、
医療保険の給付金を引いた金額になります。

041

医療保険の選び方

特約は厳選する

　入院や手術の治療費は自己負担が少ないので、**医療保険は優先度の低い保険です。**とはいっても、貯蓄が少ない人などは、ある程度備えておく必要があると思います。

　医療保険を選ぶ際は、まず基本保障を確認します。入院したときは日額の保障なのか、一時金なのかです。また、入院限度日数を選べるようになっています。一般的なのは60日型です。限度日数が長くなれば保険料も上がります。三大疾病、七大疾病は入院延長特約などがあります。入院が長くなることもあるので、特約で備える方法もあります。

　そして、医療保険は特約がとても多いことが特徴です。

　通院特約、がん保険特約、先進医療・患者申出療養特約、保険料払込免除特約、女性医療特約などなど（特約の名称は保険会社によって異なります）。特約をつければ保障は充実しますが、その分保険料も高くなります。ムダな保険料を払わないためにも、見極めが大切です。

　がん保険特約は必要な保障なのですが、特約での保障は手厚くありません。**単独のがん保険に入ったほうが、保障は充実しています。**

　特約については、後半で詳しく説明しています（168ページ）。そちらも参考にしてください。

医療保険の選び方

● 医療保険が向いている人

- ☐ 貯蓄が少ない人
- ☐ 入院などで収入が減る
  と経済的に困る人

● 医療保険のチェックポイント

- ☐ 入院一時金の有無
- ☐ 入院日額
- ☐ 入院限度日数
- ☐ 入院延長特約
- ☐ 先進医療特約・患者申出療養特約
- ☐ 保険期間
- ☐ 保険料払込期間
- ☐ 保険料免除特約

入院給付金のチェックポイント

入院給付金

1日だけでも入院給付金が受け取れるか?
一時金で受け取れるのか?
入院給付金に上乗せのあるタイプか

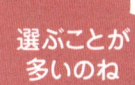

選ぶことが
多いのね

1入院の支払限度日数

30日型、40日型、60日型、120日型、180日型、
360日型、720日型、1095日型など

三大疾病保険・特定疾病の入院

三大疾病の入院延長は無制限または何日までか?
特定疾病の入院は、延長は何日まで?

辛口コメント

特約は厳選して入るようにしましょう。

042

三大疾病保険のしくみ

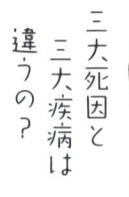

三大死因と三大疾病は違うの？

　日本人の死因となる疾病は、1位「がん」、2位「心疾患」、4位「脳血管障害」です。3位には「老衰」が入っています。

　三大疾病保険（特定疾病保険）とは、**がん・急性心筋梗塞・脳卒中**の3つの病気になったときを保障する保険です。

　近年、この三大疾病保険が大きく変化してきました。要件がかなり緩和されて、使える保険になってきたのです。

　まず、保障内容が、「がん」「心疾患」「脳血管障害」に変わった商品が増えました。日本人の三大死因と同じになってきたのです。

　支払要件は、がんは診断確定です。急性心筋梗塞と脳卒中は所定の要件を満たさないと、給付がありません。厳しい保険です。

　ところが、この**要件も緩和されてきて、「手術」または「入院」で認められる商品も登場しています。**

　保険金は、一般的には一時金です。一時金は1回のみという商品から、複数回受け取れる商品もあります。

　また、単独の保険商品ではなく、通常の医療保険の特約としてつける商品もあります。三大疾病特約は、入院日数が延長や、無期限になるものが多いです。

日本人の死亡原因

● 死因別年間死亡数の割合

- その他 26.0%
- 悪性新生物 24.6%
- 心疾患 14.8%
- 老衰 11.4%
- 脳血管疾患 6.9%
- 肺炎 4.7%
- 誤嚥性肺炎 3.6%
- 不慮の事故 2.8%
- 腎不全 2.0%
- アルツハイマー病 1.6%
- 血管性等の認知症 1.6%

がんが4分の1なのか！

〈厚生労働省「人口動態統計（確定数）」／ 2022 年〉

特定疾病保険のしくみ

● 三大・七大・八大の違いとは

三大疾病	七大疾病	八大疾病
がん	高血圧疾患	膵疾患
急性心筋梗塞	糖尿病	
脳卒中	肝疾患	
	腎疾患	

辛口コメント

保障される範囲が広く、
支払の基準が緩い商品が登場してきました。
それらを選びましょう。

043

三大疾病保険の選び方

お金がかかる３つの病気

　がんは、治療が長期にわたる場合があります。また、心疾患や脳血管障害は入院が長期化しやすく、退院したあともリハビリが必要だったりと、仕事ができない状態が続くことがあります。これら三大疾病は、とても費用がかかります。

　三大疾病保険の注目ポイントは、**保険金が支払われる要件**です。要件の幅が広いほど、使い勝手がいいと言えます。

　がん・急性心筋梗塞・脳卒中など、旧来の要件を採用している商品も多いのです。できれば新しい要件に改定した商品を選びましょう。

　三大疾病の中でもっとも罹患する確率が高いのは、死亡原因のトップでもあるがんでしょう。がんの給付要件は要チェックです。

　がんの給付金が180日に1回受け取れる商品や、保険金の最高額が2000万円という商品もあります。**給付回数は1回のみか、複数回か。上限はいくらか。**しっかり確認してください。

　ただし、保険金額を多くすると、その分保険料も高額になります。三大疾病保険は一時金で受け取るため、そもそも保険料が高めです。

　なお、保険会社によって「三疾病」「特定疾病」など、名称が異なります。

三大疾病保険の選び方

● 三大疾病保険が向いている人

- ☐ 大きな病気に対しての備えが欲しい人
- ☐ 死亡保障も欲しい人

3つの
病気だけの
保障

● 三大疾病保険のチェックポイント

- ☐ 三大疾病の支払条件
- ☐ 保険期間は定期型か終身型か
- ☐ 保険料の払込期間

がん保険と三大疾病保険の違い

● 保障内容が異なる

三大疾病保険

保障

がん
心疾患
脳血管疾患

保障内容

一時金

がん保険

保障

がん

保障内容

入院給付金
手術給付金
抗がん剤治療給付金
など保障が豊富

辛口コメント

一時金が複数回支払われる商品が登場してきました。

044

がん保険の
しくみ

　がんになったら、高額な治療費がかかる。これは誤解です。健康保険適用内の治療なら自己負担は3割。高額療養費制度もあるので、自己負担は多くありません。

　しかし、がん保険は優先度の高い保険です。

　抗がん剤治療や放射線治療は、長期にわたることが多いものです。その間は仕事の時短を迫られたり、ときには休職や退職もありえます。がんの罹患前とあとでは、収入が約20％も減ったというデータもあります。**がん保険の役割は、治療費のためではなく、こうした収入減の補てん**です。

　以前は「がん診断一時金」＋「入院・手術」＋「特約」が基本的なしくみでした。しかし、がん治療の進歩により、現在は大きく変化しています。

「がん診断一時金」「がん治療給付金」「抗がん剤治療給付金・放射線治療給付金など」「自由診療」「特約」。これらを組み合わせるような保険になっています。

　かつては入院・手術が中心でしたが、がんになっても入院しないケースも増えており、かなり変わったと言えます。

経済的なダメージが大きい

● 仕事はどうなる？

勤労者35%が依願退職、解雇

自営業者17%が廃業

出典：厚生労働科学研究費補助金、厚生労働省がん研究助成金「がんの社会学」に関する合同研究班（2013年）

● 平均年収はどうなる？

約415万円

収入が下がり
住宅ローンが
払えなくなった！

約20%下がって
しまう

約332万円

休職、離職、廃業…がんの治療中は十分に働けないリスクが大きくなります。がん保険は、こうした収入減に備える役割があります。

出典：ライフネット生命「がん経験者572名へのアンケート調査」
NPO法人キャンサーネットジャパン協力（2017年）

 辛口コメント

古いがん保険は
現状に合っていないかもしれません。
見直しの必要があります。

O45

先進医療特約と
患者申出療養特約

混合診療は
ダメなのか

「先進医療」とは、厚生労働大臣が定めた高度な治療法を指します。これらの治療には健康保険が使えません。

　健康保険適用外の治療を自由診療と言い、全額が自己負担になります。さらに、**健康保険が適用される治療を併用していた（混合診療）としても、すべてが自由診療とみなされます。**

　ただし、先進医療は混合診療が認められています。とはいえ、**自己負担3割は健康保険部分のみで、先進医療は全額が自己負担です。**先進医療の中には、がんの陽子線治療や重粒子線治療のように、200万円くらいかかる治療もあります。しかし、年間の実施件数を見てみると、がん患者の数に比べ、ごくわずかです。

　先進医療特約は月額100円程度の保険料で、先進医療に備えることができます。

「患者申出療養」は、患者からの申出を起点として、未承認薬や健康保険の対象外の治験を受けられる制度です。国からの承認を得られれば、健康保険との併用ができます。

　先進医療と同じで、健康保険部分の自己負担は3割、患者申出療養の部分は全額自己負担になります。

健康保険と自由診療のしくみ

● 健康保険の対象となる治療・対象外の治療

			健康保険の給付対象 とならない治療 ※自己負担の割合は年齢や 所得によって異なります。
保険診療 の場合	健康保険7割	自己負担 通常3割	
先進医療 の場合	健康保険7割	自己負担 通常3割	先進医療は 全額自己負担
患者申出療養 の場合	健康保険7割	自己負担 通常3割	患者申出療養は 全額自己負担
自由診療 の場合	健康保険の給付対象となる治療を含めた、 すべての治療が全額自己負担		

患者申出療養のしくみ

● 治療の選択肢が広がる

患者からの申し出

⬇

主治医と相談　　主治医と十分に話し合う

⬇

臨床研究中核病院で計画　　申出を元にして中核病院と連携

⬇

国の会議で検討　　計画書を元に丁寧に検討

⬇

患者申出療養の実施　　計画書の受理から6週間以内に結論、実施

新しい
治療法を
試して
みようかな

辛口コメント
患者申出療養は、新しい制度です。
末承認薬などを検討するのであれば、
ぜひ使ってください。

046

自由診療と
健康保険の診療
との違いは？

自由診療が必要なワケ！

　健康保険の適用外の治療は自由診療になります。健康保険との混合診療は認められていないので、通常は3割負担で受けていた治療まで健康保険から外れます。すべて自腹ですから、負担は非常に重くなります。近年、**がん治療では自由診療がとても重要な選択肢になってきました**。2010年あたりから、日本では新薬の承認が遅れています。新薬が高価になったことが理由のひとつです。

　日本では薬価がグッと下げられてしまうので、製薬会社は、日本で販売しても利益が出ません。そのため、日本は後回しになるドラッグ・ラグ（新薬の認可遅延）が起こっているのです。

　現在、未承認薬・適用外薬は190品目以上です。これは患者にとってマイナスです。もし未承認薬を使いたいときは、自由診療を選ばなければいけないからです。

　未承認薬を使用すると、500万円、700万円のお金が必要かもしれません。子どもの進学に影響が出るかもしれません。家族の生活か、自分の治療か、厳しい選択を強いられることもあるでしょう。

　健康保険では対応できないので、がん保険で自由診療への備えが求められているのかもしれません。

どのくらいの未承認薬があるの？

● すべて自由診療に

米国か欧州で承認されていても、日本では未承認または適応外薬であるがん関連の医薬品は193品目あります。これを用いると自由診療となり、全額が自己負担です。昨今、未承認薬がどんどん増えています。厚生労働省が決める薬価では新薬を販売できず、日本での承認が後回しにされているからです。ゲノム医療で自分に合った治療薬がわかっても、未承認薬だと負担は重くなります。自由診療に対応した保障の役割は大きくなっていると言えるでしょう。

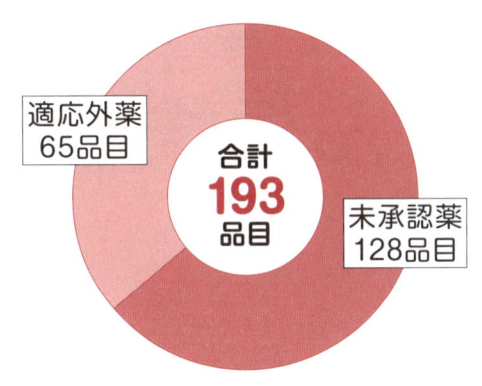

適応外薬 65品目

合計 **193** 品目

未承認薬 128品目

出典：国立がん研究センター「国内で薬機法上未承認・適応外である医薬品について」2023年11月30日

自由診療にかかる費用は？

● 自由診療は全額が自己負担

適応外使用となる抗がん剤治療を9ヵ月間受ける場合にかかる薬剤費

1日2回、経口投与（1ヵ月あたり）　　投与期間※1　　薬剤費総額※2

83万8200円 × **9ヵ月** = **754万3800円**

ある臓器のがんについては公的医療保険制度の対象となっている抗がん剤を他の臓器のがんの治療に使う場合、「適応外使用」となり、医療費は全額自己負担となります。

＊1 記載は一例であり、実際の治療期間はこの例よりも短い場合も長い場合もあります。
＊2 厚生労働省「令和元年 国民健康・栄養調査」より、50代女性の平均体重（55.2kg）を使用し、薬剤費は2023年5月1日時点の薬価に基づき算出しています。

▶ セルペルカチニブの使用が承認されているがんの種類

	肺がん（非小細胞肺がん）	甲状腺がん	左記以外の固形がん
日本	○	○	×
米国	○	○	○ ※3

＊3 固形がんの適応拡大について、2022年9月、FDA（米国食品医薬品局）承認済。米国NCCNガイドライン（結腸がん2023年4月25日版）に掲載あり。

監修医師：山口 茂樹（東京女子医科大学 外科学講座 下部消化管外科学分野 教授・基幹分野長）　FWD生命のパンフレットより

辛口コメント

がん保険を選ぶときも、自由診療の保障が重要になってきます。

047
がん保険の選び方

収入減の補てんが目的！

　がん保険は、「収入減の補てん」と「自由診療など高額な治療への保障」を中心に考えます。

　まずは、基本保障の確認です。基本保障は、さまざまなタイプがありますが、多くは**「がん治療給付金」「がん診断一時金」**の2タイプに分けられます。商品によって重視する種類が異なるということです。

　どちらがいいかは、一概に言えません。治療が長期になるなら治療給付金が助かりますし、短期であれば一時金がいいでしょう。しかし、一時金のほうが用途を問わないので、使い勝手はいいと思います。「治療給付金」は2年に1回と、1年に1回があります。もちろん1年に1回のほうがいいのですが、その分保険料は高くなります。

　抗がん剤治療給付金、放射線治療給付金などは、毎月給付金を受け取れます。治療が長引いて収入が減ったとき、役に立ちます。**先進医療特約、患者申出療養特約**は、つけておくほうがいいでしょう。

　自由診療特約は、近年、その重要性が高まってきました。できればつけておきたい特約です。

　がん治療は情報がとても重要です。自分から積極的に情報を集めないと、自由診療特約をつけても使うことができません。

がん保険の選び方

● がん保険が向いている人

- ☐ がん治療で収入減になり経済的に困る人
- ☐ フリーランス・自営業者
- ☐ 自由診療を考えている人

ほとんどの人はがん保険で備えたほうがいい

● がん保険のチェックポイント

- ☐ 診断一時金の金額
- ☐ 診断給付金の支払限度額と間隔
- ☐ 抗がん剤・放射線治療給付金の支払要件
- ☐ 保険料払込免除特約の要件
- ☐ 先進医療特約・患者申出療養特約
- ☐ 上皮内新生物の対応
- ☐ 保険期間と保険料払込期間
- ☐ 自由診療の支払要件
- ☐ 入院給付金
- ☐ 待ち期間の保険料の有無

入院よりも通院が多くなった

● 入院治療がどんどん減っている

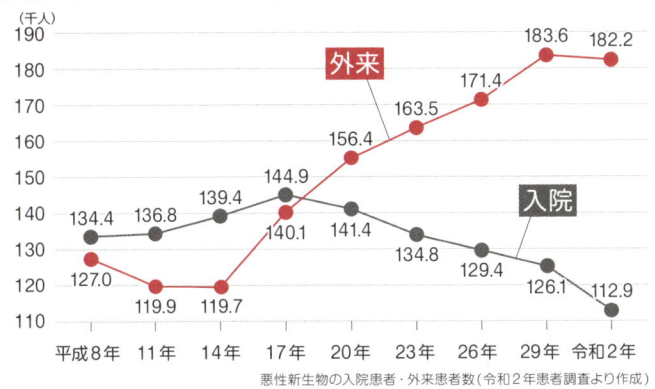

（千人）

外来：127.0 → 119.9 → 119.7 → 140.1 → 156.4 → 163.5 → 171.4 → 183.6 → 182.2

入院：134.4 → 136.8 → 139.4 → 144.9 → 141.4 → 134.8 → 129.4 → 126.1 → 112.9

平成8年　11年　14年　17年　20年　23年　26年　29年　令和2年

悪性新生物の入院患者・外来患者数（令和2年患者調査より作成）

辛口コメント

一時金をしっかり確保できることが重要なポイントです。

考え方　入り方　選び方　しくみ

048

就業不能保険の
しくみ

働けなくなると困るなぁ

　就業不能保険は、働けなくなったときの収入減のリスクに備える保険です。病気やケガで働けない状態になったら、毎月決まったお金を受け取ることができます。**終身ではなく、一定期間の保障です。**

　働けなくなった理由を見ると、もっとも多いのは「精神および行動の障害」で、次は「悪性新生物（がん）」です。この2つで、ほぼ半数を占めています（115ページ参照）。

　精神疾患は、治療がとても長期にわたるケースが多いものです。厚生労働省の「患者調査」によると、平均入院日数が300日を超えています。また、がん治療のために、働けない状態が長く続くこともあります。がん保険のかわりに就業不能保険を利用することも、ひとつの方法だと言えます。

　ちなみに、医療保険は入院中は給付金を受け取れますが、自宅療養は給付の対象外です。さらに、入院限度日数が決まっているので、入院が長期化すると給付がストップします。たとえば、入院限度日数が60日型ならば、61日以降は給付がありません。

　精神疾患のように長期の入院には対応できないことになります。

就業不能保険のしくみ

● 収入の減少に備える

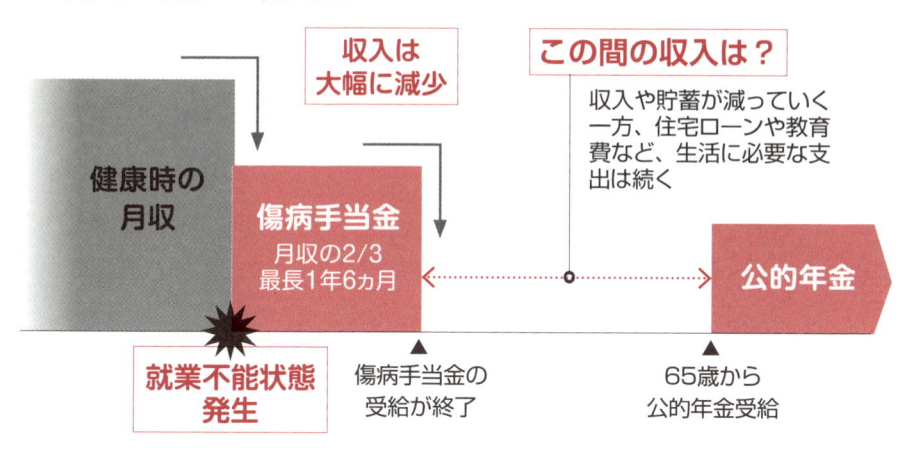

収入は大幅に減少

この間の収入は？
収入や貯蓄が減っていく一方、住宅ローンや教育費など、生活に必要な支出は続く

健康時の月収

傷病手当金
月収の2/3
最長1年6ヵ月

公的年金

就業不能状態発生

▲ 傷病手当金の受給が終了

▲ 65歳から公的年金受給

就業不能給付金の月額を20万円に設定した場合

働けない状態が長く続くのを保険でカバー

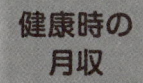

健康時の月収

就業不能状態が60日または180日継続後に支払い開始

毎月20万円
毎月の給付金額は10万～50万円の間で5万円単位で設定できる

就業不能状態発生

▲ 支払い開始

70歳まで保障

辛口コメント
住宅ローンがあり家計に余裕がない人、フリーランスの人は、ぜひ入っておきたい保険です。

考え方　入り方　選び方　しくみ

049

就業不能保険の選び方

傷病手当金があるのね

　会社員や公務員は、病気やケガで働けなくなったときの保障として「傷病手当金」があります（60ページ参照）。すぐに生活に困ることはありません。とはいっても、傷病手当金で支給されるお金は、給与の3分の2です。住宅ローンなどで家計が厳しい家庭は、収入減は大きな痛手です。

　就業不能保険には、ハーフタイプの商品もあります。このタイプは1年半の間は、給付金額を50％に抑えます。傷病手当金は最大1年半受け取れますから、それに対応したしくみです。給付額は半分ですが、その分保険料が安くなっています。

　働けない理由のトップは「精神疾患」なので、多くの商品は精神疾患を保障しています。ただ、特約になっている保険もあるため、確認しておきましょう。

　選ぶポイントは、**就業不能状態の「定義」**です。これは保険会社によって異なっています。

　この定義ができるだけ広いものを選んだほうが、使い勝手はいいと言えます。国民年金の障害等級を条件にしているものは少し厳しめ、入院や医師の指示による在宅療養なら、条件は緩めです。

就業不能保険の選び方

● 就業不能保険が向いている人

- [ ] 自営業・フリーランス
- [ ] 住宅ローンが残っている人
- [ ] 家計がギリギリで
  収入が減ると
  生活に支障が出る家庭

● 就業不能保険のチェックポイント

- [ ] 給付金の支払要件
- [ ] 支払対象外の期間
- [ ] 給付金の月額
- [ ] ストレス性疾患の対応
- [ ] 保険期間
- [ ] 保険料払込免除特約

働けなくなった理由

右の図は、傷病手当金を受け取ることになった理由を示しています。およそ3割は精神疾患に関するものです。就業不能保険を選ぶ際は、精神疾患を保障の対象とするかどうかも要チェック。また、がん保険は生活費を補てんする役割もあります。

働けなく
なったら
どうしよう

損害・中毒
およびその他
外因の影響
7.06%

その他
22.07%

精神および
行動の障害
31.30%

循環器系の
疾患
10.05%

悪性新生物
（がん）
18.63%

筋骨格系および
結合組織の疾患
10.89%

出典：全国健康保険協会「現金給付受給者状況調査（令和元年度）第一部傷病手当金」

辛口コメント

支払事由が緩い保険を選ぶのがポイントです。

050

介護保険の
しくみ

介護保険は、要介護状態になったときに「介護一時金」または「介護年金」、あるいはその両方を受け取れる保険です。

もちろん、公的な介護保険もあります。公的介護保険は、要支援・要介護状態になると、介護サービスを原則1割負担で受けることができる制度です。民間の介護保険は現金支給、公的な介護保険は現物支給だと考えてください。

公的介護保険はたいへん手厚くできているので、自己負担はそれほどかかりません。とはいえ、介護の期間はとても長くなるケースがあります。そして、介護度が上がっていくと、どうしても自己負担も多くなります。

生命保険文化センターの調べでは、要介護になったときの初期費用は約74万円、要介護状態になったときの月額費用は8.3万円、平均の介護期間は5年1ヵ月です。総額にすると、580万円くらいかかると言われています。

こうした**介護費用は、できれば貯蓄で備えたいものです**。しかし、貯蓄が多くない場合には、**民間の介護保険で備えるのもひとつの方法です**。

第4章　1分でわかる！ 生命保険のしくみ

要介護になるといくら必要か？

● 介護にかかる費用の合計は約580万円

要介護になったときの初期費用
平均74万円

介護が始まったときにかかる費用。介護のためのリフォームや介護用品の購入などです。平均は74万円です。

要介護になったときの月額費用
平均8.3万円

公的介護保険があるため、介護サービスは原則1割負担で受けられます。しかし、毎月さまざまなものに費用が発生します。月額の平均は8.3万円です。

介護期間
平均5年1ヵ月（61ヵ月）

かなりお金がかかるのね。迷惑を掛けないようにしたい

介護にかかる合計金額

初期費用74万円
＋
月額費用8.3万円×61ヵ月
▼
580.3万円

生命保険文化センター「生命保険に関する全国実態調査」2021年度

辛口コメント

まず、公的介護保険を理解して、足りない分を民間の介護保険で補うようにしましょう。

051
介護保険の選び方

　介護保険を選ぶポイントは、支払条件です。

　要介護1や2など要介護度が低い状態で支払われるほうが、使い勝手はいいでしょう。

　介護年金と介護一時金のタイプは、保険会社によって異なります。

　要介護1・2は一時金で、要介護3以上になると年金に変わる商品もあります。また、要介護1から年金がスタートし、要介護度が上がるごとに年金額も上がるという商品もあります。要介護度が上がるにつれて自己負担額も増えるので、合理的ではあります。介護保険は要介護度によって受取額が変わってくるため、ここは重要チェック項目です。

　保険料払込免除特約も、支払条件と同じ要件になっている商品が多いのですが、異なることもあるので、確認をしてください。

　介護にかかる費用は約580万円だと述べましたが、あくまでも平均です。介護はいつ終わるのか予測がつきません。長期になればなるほど費用はかかります。逆に平均よりずっと短い間ですむこともあります。

　在宅介護と施設介護では、費用がまた変わってきます。

　介護費用は、**「いくらかかるのか」**より**「いくらかけたいか」**を考えながら検討することが重要です。

介護保険の選び方

● 介護保険が向いている人

- ☐ 要介護になったときの
  お金を準備できていない人

夫の介護は
私が面倒を
みるのかな？

● 介護保険のチェックポイント

- ☐ 介護一時金型か
  介護年金型か
- ☐ 支払条件と要介護度
- ☐ 保険期間と保険料払込期間
- ☐ 保険料払込免除特約の要件
- ☐ 告知内容

年齢別　要介護の認定率

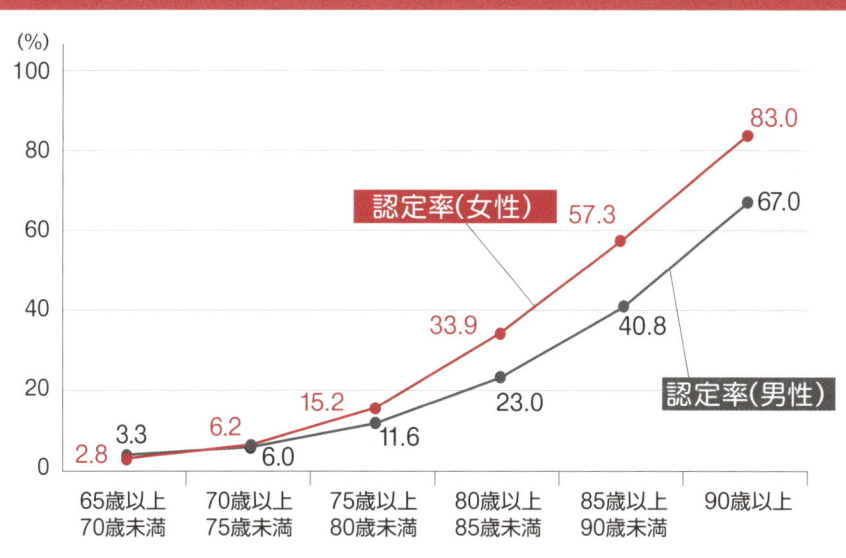

認定率（女性）

認定率（男性）

	65歳以上70歳未満	70歳以上75歳未満	75歳以上80歳未満	80歳以上85歳未満	85歳以上90歳未満	90歳以上
認定率（女性）	2.8	6.2	15.2	33.9	57.3	83.0
認定率（男性）	3.3	6.0	11.6	23.0	40.8	67.0

厚生労働省「平成27年度介護保険事業状況報告」、総務省「平成27年国勢調査」より作成。認定者とは、要支援1〜2、要介護1〜5に認定された第1号被保険者の数。各階層の人口に占める割合（認定率）は、日本人の人口を用いて算出。

辛口コメント

要介護度が上がるほど、
自己負担額も上がっていきます。

052

認知症保険の
しくみ

お互いボケると困るなぁ

　2040年には、65歳以上の認知症患者は、584万人になると予測されています。**認知症の前段階である軽度認知症障害（MCI）まで含めると、なんと約3人に1人**とのこと。もはや他人事ではありません、

　認知症保険は、認知症と診断された場合、または軽度認知障害になった場合に保障を受けられます。

　介護が必要になった主な原因を見てみると、1番は認知症の16.6％。次いで脳血管疾患が16.1％、骨折・転倒が13.9％と続きます。

　たしかに認知症が多いのですが、**認知症以外で要介護になるケースも多い**のです。

　認知症保険は、認知症以外で要介護になったときは保障がありません。それに対して、介護保険は広範囲をカバーします。そのため、介護に備えるなら、**認知症保険より介護保険のほうがいいでしょう。**

　ただ、保障範囲を絞っている分、認知症保険のほうが保険料は安くなっています。

　なかには、認知症・介護に関する付帯サービスが充実している商品もあります。MCIのスクリーニング検査（有料）を受けられるほか、認知症についての相談もできます。

認知症患者は増え続けている

● 高齢者の３人に１人が認知症及び認知症予備軍

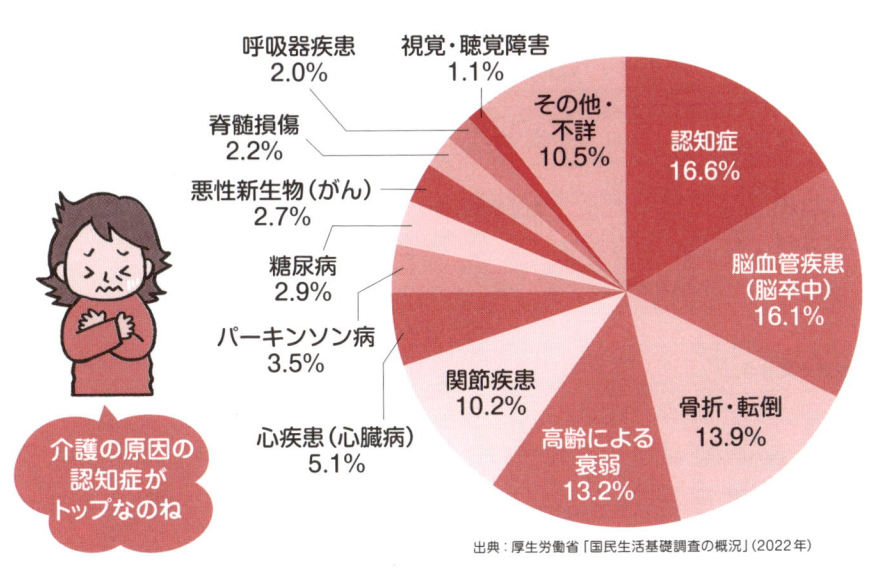

2012年
約7人に1人

2040年
約3人に1人

2012年の認知症患者は462万人。65歳以上の7人に1人（有病率15.0%）という割合でした。それが、2040年には認知症患者は584万人、MCIの人は612万人に。認知症とMCIを合わせると、高齢者の3人に1人になると予測されています。

出所：九州大学「認知症及び軽度認知障害の有病率調査並びに将来推計に関する調査」（令和5年）

介護が必要になった主な原因

呼吸器疾患 2.0%
視覚・聴覚障害 1.1%
脊髄損傷 2.2%
悪性新生物（がん）2.7%
糖尿病 2.9%
パーキンソン病 3.5%
心疾患（心臓病）5.1%
関節疾患 10.2%
その他・不詳 10.5%
認知症 16.6%
脳血管疾患（脳卒中）16.1%
骨折・転倒 13.9%
高齢による衰弱 13.2%

> 介護の原因の認知症がトップなのね

出典：厚生労働省「国民生活基礎調査の概況」（2022年）

辛口コメント

認知症保険より介護保険のほうが保障範囲は広いです。
介護保険に入れば、認知症保険は必要ありません。

O53

認知症保険の選び方

えっ？

ありがとう、どちら様でしたか？

　前述したように、認知症保険より介護保険のほうが、幅広い事態に備えることができます。しかし、とくに認知症が心配な人は、認知症保険で備える手もありです。

　多くの認知症保険が、「要介護1かつ所定の認知症の診断」あるいは「所定の認知症の診断」を保障の条件にしています。認知症になると、かなりの割合の人が要介護認定も受けています。大半の商品は、一時金での給付になります。

　認知症の前段階の軽度認知障害（MCI）にも対応している商品が、多くなっています。MCIだと診断が確定すると、保険金の一部を受け取れます。

　また、認知症の予防給付金が出る商品もあります。その給付金を使ってMCIの検査を受けたおかげで、早期発見につながるかもしれません。MCIの段階で適切な治療を行えば、認知症への進行を遅らせたり、健常者に戻ることもあります。MCIの人のうちおよそ16～41％の人は、1年で健常な状態に戻っているそうです。

　ですから、**MCI段階での治療はとても重要なのです。**予防給付金には、MCIの治療に対するモチベーションの意味もあります。

認知症保険の選び方

● 認知症保険が向いている人

☐ 認知症が心配な人

● 認知症保険のチェックポイント

☐ 支払条件
☐ MCIへの対応
☐ 保険料払込免除特約の要件
☐ 診査・告知内容

MCIの約16〜41%は健常者に戻れる

● MCIの時点での治療が大切

> ワシは
> ボケてはおらん!
> でも、検査は
> 必要かな

非認知症

健常者

↓ ↑ 16〜41%の人が回復

MCI

移行率1年間で約5〜15%

軽度認知症

中度認知症

重度認知症

認知症

MCIは健常者と認知症の間の状態です。2022年時点で、認知症の人は443万人、MCIの人は558万人と推定されています。1年で5〜15%がMCIから認知症へ移行する一方、生活改善などによって16〜41%は健常な状態に戻るとのことです。

辛口コメント

> MCIに対応しているかどうかも確認が必要です。

054

引受基準緩和型保険のしくみ

持病があっても入れます！

　持病があると、保険に入るのが難しくなります。そういう人も入りやすくした保険が、引受基準緩和型保険（限定告知とも言います）です。告知内容が少ないことが特徴です。無選択型保険は、健康状態にかかわらず、誰でも入れます。

　健康リスクの高い人が入るため、**通常の保険より保険料は高く設定**されています。

　引受基準緩和型は医療保険に多いのですが、医療保険はもともと優先度の低い保険です。引受基準緩和型の必要性は、さらに低くなります。一方、数は少ないながら、定期保険や収入保障保険もあります。こちらは子どもがいる家庭では必須の保障です。健康上の理由で通常の保険が難しいなら、重要度の高い保険になるでしょう。また、住宅ローンを組んだけれど、持病があって団体信用生命保険には入れないといった場合も役に立ちます。

　近年、引受基準緩和型保険の商品は内容がよくなっています。加入後1年間は保険金が半分になるなどの制約がありましたが、最近は加入してすぐでも減額がなくなりました。保障内容は、通常の保険にかなり近づいています。

引受基準緩和型保険のしくみ

● 割高になる理由とは

普通の保険

＜

引受基準緩和型の保険

保険料が約**1.6**倍!

給付を受ける確率が保険料に反映される

「健康リスクが高い＝
保険金を支払う可能性が高い」
そのため、保険料が割高になります。

告知項目の例

下記の質問にすべて「いいえ」ならば、申し込めます。

質問1 最近3ヵ月以内に、医師に入院・手術・先進医療を勧められたことがありますか？

質問2 過去2年以内に、入院したこと、または手術を受けたことがありますか？

質問3 過去5年以内に、がんや肝硬変・統合失調症・認知症で、医師の診察（検査・治療・投薬を含む）を受けたことがありますか？

辛口コメント 医療保険そのものが優先度の低い保険です。保険料の高い引受基準緩和型の医療保険は、さらに優先度が低いです。

055

引受基準緩和型保険の選び方

入れるけど、保険料が高いのか！

　加入条件が緩い分、通常の保険に比べて保険料が高めになるのは仕方がありません。それでも、保険料の比較は重要です。

　死亡保険では定期保険と収入保障保険がありますが、数は少なめです。その中で保険料を比較して選ぶのがいいと思います。

　ただし、**引受基準緩和型保険だけが選択肢とは限りません。**

　持病があり薬を服用していても、通常の保険に入れることもあります。念のため、保険会社に確認してみましょう。部位不担保、一定期間の保障の制限、保険料の上乗せといった条件つきでも入ることができれば、引受基準緩和型保険より安くなるかもしれません。

　また、通常の保険でも告知項目の中で、5年以内の入院や手術の有無を聞かれます。この時点で5年以内に該当するのであれば、その期間のつなぎとして引受基準緩和型保険を利用する手もあります。加入条件をクリアできるようになったら、引受基準緩和型保険を解約し、通常の保険に乗り換えるという方法です。

　引受基準緩和型保険は保険料が高いので、どうしてもという場合以外は控えたほうが無難です。さらに、長期の加入ではなく、**ピンポイントで利用する方法を考えましょう。**

引受基準緩和型保険の選び方

● 引受基準緩和型保険が向いている人

- [ ] 通常の保険に入れるまでのつなぎがほしい人
- [ ] 通常の保険に入れないが、死亡保障などが必要な人

● 引受基準緩和型保険のチェックポイント

- [ ] 通常の保険に加入できないか、複数の保険会社で確認をする
- [ ] 部位不担保の条件で、通常の保険に入れないかを確認する
- [ ] 告知内容
- [ ] 契約から1年以内などの支払削減期間があるかどうか
- [ ] 付帯できる特約の種類が多いかどうか

引受基準緩和型保険の賢い使い方

● 期間を決めて、つなぎで使う

つなぎの役目は任せてね!

ここまでのつなぎ

手術 ▼

手術した後の保険	手術から5年後の保険
引受基準緩和型保険（5年間、薬の服用もなしに）	通常の保険

保障が途切れないように

辛口コメント

定期保険や収入保障保険は、持病がある人にとっては助かります。保障内容を確認して入りましょう。

056

学資保険の
しくみ

まずは、合格を

　子どもの教育費はどんどん上がっています。とくに大学にかかる学費は大きく、4年間で私立文系で700万円、私立理系なら1000万円以上と言われています。

　学資保険は、こうした大学費用を準備するための保険です。

　正直に申しあげると、**学資保険を使って教育費を貯めるのは、効率がよくありません。**低金利時代のため、予定利率は低く、積み立てたお金はあまり増えないのです。

　理由は、学資保険の性質にあります。**学資保険は、教育資金を貯める機能と、保障の機能の両方を持っています。**

　契約者である親が亡くなった場合、それ以後の保険料は免除となり、祝い金や満期保険金は予定通りに受け取れます。つまり、保険料のすべてが運用に回るわけではないのです。

　なかには、積み立てた保険料より受け取る保険金の総額が少ないという元本割れの商品もあります。

　教育資金の準備をするのであれば、学資保険より新NISAをお勧めします。新NISAは途中で引き出しても、投資枠は復活します。子育てが終われば、老後資金の積み立てにも利用できます。

学資保険のしくみ

● 4回に分けて受け取る、5回に分けて受け取る

入学の節目に受け取るタイプ

節目ごとに祝い金を受け取って、満期保険金は大学入学費用に

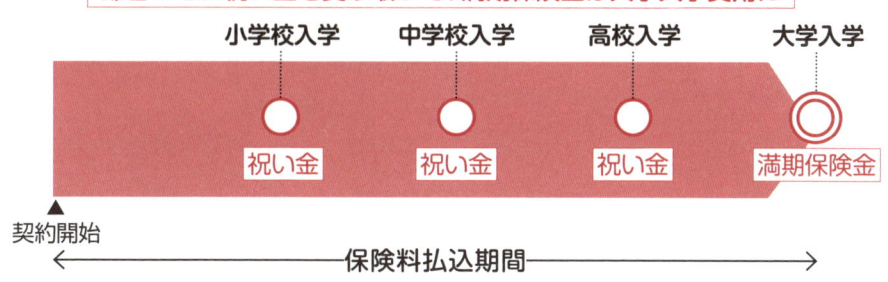

小学校入学　中学校入学　高校入学　大学入学

祝い金　祝い金　祝い金　満期保険金

▲
契約開始

←────保険料払込期間────→

高校入学から受け取るタイプ

高校と大学の入学時、さらに大学在学中の学費を確保

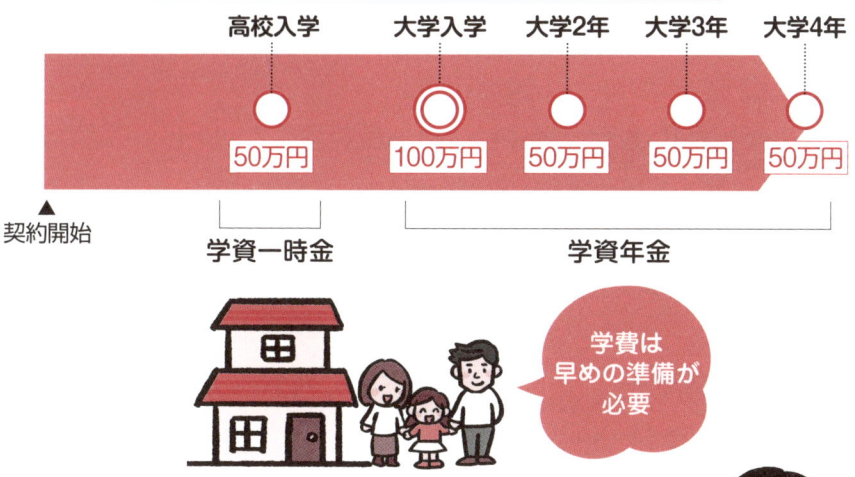

高校入学　大学入学　大学2年　大学3年　大学4年

50万円　100万円　50万円　50万円　50万円

▲
契約開始

学資一時金　　学資年金

学費は
早めの準備が
必要

辛口コメント

学資保険で備えるよりも、
新NISAを利用したほうがいいでしょう。

057

学資保険の選び方

NISAでの運用も考えよう

　学資保険では、どれくらい増えたかを「戻り率」で表現します。**戻り率とは、総払込額に対してどれくらい増えたかを示すもので、利回りとは違います。**

　戻り率が108％と言っても、これは利回りではありません。戻り率は、積み立てた合計の保険料に対する受取総額の割合です。何年積み立てるのかで、その割合は変わります。

　どうしても投資がイヤだという人は、学資保険を利用しましょう。子どもの教育費は絶対に必要ですから。

　選ぶポイントは、とにかく戻り率が高いことです。学資保険の目的は、教育費を貯めることにあります。元本割れする商品は論外です。

　ところで、加入方法を工夫すると、戻り率を多くすることができます。

・加入時期を早める

・特約を付加しない

・保険料払込期間を短くして、受け取りを遅くする

・保険料を年払いにする

　また、学資保険も生命保険料控除があります。税制優遇を受けられるので、これもぜひ利用してください。

学資保険の選び方

● **学資保険が向いている人**

☐ お金を貯めるのがどうしても苦手な人

● **学資保険のチェックポイント**

☐ 元本割れをしないかどうか

☐ 保険期間と保険料払込期間

☐ 戻り率

☐ 学資保険金の受け取り方

勉強
頑張るから
学資を
よろしく

利回りと戻り率の違い

利回りと戻り率では、その数値のとらえ方に大きな違いがあります。
戻り率の計算は下記の通りです。

$$戻り率（\%）＝ \frac{受取総額}{払込保険料総額} \times 100$$

たとえば、子どもが0歳のときに加入した学資保険。
月額保険料が1万6000円で払い込み期間は15年、
受け取りは、18歳から75万円を4回で合計300万円。

月額保険料1万6000円×12ヵ月×15年＝総額288万円
受取総額300万円。戻り率は、104.2%です。

さらに、子どもが18歳のときなど、75万円を4回にして
分割で受け取ることになり、受け取りまでに20年かかります。
つまり、20年かけて約4%増えただけです。

辛口コメント 元本割れする学資保険はダメ。
できるだけ戻り率の高い商品で、戻り率を増やす
払込方法、受け取り方を選びましょう。

O58

個人年金保険の
しくみ

やっぱり
iDeCoにしよう

　個人年金保険は、年金の受け取り方に確定年金と終身年金があります。といっても、終身年金は過去の話で、いまはほとんど確定年金だけになっています。

　個人年金保険は貯蓄型の保険です。貯蓄型の保険は、残念ながら予定利率が低いので魅力はありません。個人年金保険も同様で、ほとんど増えないと言っていいでしょう。円建ては魅力がないため、外貨建て個人年金保険や変額個人年金保険などもありますが、お勧めできる商品ではありません（82ページ参照）。

　老後資金に備えるなら、**個人年金保険よりも、iDeCoやNISAを使ったほうが効率よく貯められます。**

　老後資金が目的であればiDeCoがお勧めですし、一定期間の運用ならばNISAがお勧めです。

　個人年金保険は、生命保険料控除の税制優遇があります。しかし、iDeCoは掛金が全額控除になるので、税制優遇という面では圧倒的に有利です。NISAも配当・譲渡益などの税制優遇があります。

　まずはiDeCo、NISAを優先し、個人年金保険は三番手として検討してはいかがでしょうか。

個人年金保険のしくみ

● 受け取り方法は2種類

確定年金

決められた期間、
受け取ることができる

保険料　年金原資　**年金**

←——— 年金受取期間 ———→

終身年金

生きている限り、
受け取ることができる

保険料　年金原資　**年金**

←——— 年金受取期間 ———→

個人年金保険料税制適格特約の4つの要件

①年金受取人は保険契約者またはその配偶者のいずれかであること
②年金受取人は被保険者と同じ人であること
③保険料払込期間は10年以上あること
④確定年金の場合、年金支払開始日の年齢は60歳以上で、かつ、
　年金支払期間は10年以上であること

税金が
少し優遇
されるのね

個人年金保険料控除は、年間の保険料が10万円以上なら、4万円を控除できます。
所得税が10％の人は、4000円。20％の人なら8000円分の所得税が安くなります。
一方、住民税の控除は2万8000円なので、10％の2800円分が節税可能です。
所得税10％なら住民税と合わせて、年間6800円の節税になります。

辛口コメント

低金利時代なので、お勧めできる商品はありません。

考え方　入り方　選び方　しくみ

059
共済のしくみ

生命保険会社と共済の違いは？

　共済は非営利団体です。「相互扶助」の理念に基づき、組合員がお金を出して助け合うしくみで成り立っています。

　誰でも組合員になれる共済と、一定の基準を満たさないと組合員になれない共済があります。都道府県民共済は、その都道府県に住んでいるか勤務している場合に限って加入できます。JA共済は、農家以外の人は出資金を払えば準会員になれます。

　一方、生命保険会社は営利を目的としています。誰でも契約が可能なため、できるだけ契約者を増やそうと、新商品を開発したり、サービスの充実を図るわけです。

　代表的な共済は、都道府県民共済、こくみん共済、JA共済、CO-OP共済の4つです。それぞれの特徴は右の図の通りです。

　生命保険会社はもし破綻してもセーフティネットがありますが、共済にはありません。しかし、契約は1年間で掛け捨てが多いため、それほど心配はないでしょう。ただ、満期金があるものは影響が出るかもしれません。

　なお、都道府県民共済は割安な保険を提供していますが、**すべての共済が割安ではないので、ご注意ください。**

４大共済の特徴と比較

● どこが違う?

	都道府県民共済	こくみん共済 coop（全労済）	JA共済	CO-OP共済
運営者	全国生活協同組合連合会	全国労働者共済生活協同組合連合会	全国共済農業協同組合連合会	日本コープ共済生活協同組合連合会
監督官庁	厚生労働省	厚生労働省	農林水産省	厚生労働省
出資金	1口 200円	1口 100円×10口	各JAで違う	各コープで違う
主な商品	生命共済、新型火災共済	こくみん共済、せいめい共済、新総合医療共済、マイカー共済 など	終身共済、介護共済、医療共済、がん共済、こども共済、建物更生共済、自動車共済 など	終身保障、たすけい、火災共済 など
特 徴	シンプルな設計、一律の掛金、割戻金が多い	「遺族保障」「医療保障」「障害・介護保障」「老後保障」「住まいの保障」「くるまの補償」の6つの分野と11の共済商品がある	「ひと・いえ・くるまの総合保障」を提供。農家の組合員が基本だが、2割を上限にそれ以外の人も入れる	妊娠中の女性や高血圧でも入れるなど基準の緩い保険がある。うつ病、統合失調症、アルコール依存症などでも加入できる商品がある。出資金を支払えば誰でも組合員になれる

都道府県民共済はシンプルな保障内容が特徴。割戻金も魅力的

ひとくちに共済と言ってもいろいろ

辛口コメント
共済だから割安とは限りません。保険会社の商品とも、しっかり比較してください。

060

共済の選び方

都民共済は使いやすそう

　多くの人が利用できる共済といえば、都道府県民共済があげられます。これを例に説明しましょう。都道府県民共済は、全国47都道府県民共済で入れます。生命共済は「総合保障型」と「入院保障型」があります。掛金は2000円で掛け捨てです。

「総合保障型」は、入院と死亡の両方の保障を備えています。死亡保障は金額が少ないので、保障を手厚くしたいなら生命保険に追加で加入しましょう。「入院保障型」は、入院が手厚くなっています。

　また、都道府県民共済には、割戻金があります。**年間30～40%の掛金が戻ってきます**から、実質の掛金は1300円くらいになります。

「やっぱり病気やケガをしたときが心配だから、何か保険に入っておきたい」。こういう人にとって、掛金が安く1年間の掛け捨てである都道府県民共済は使い勝手がいいと思います。ただ、60歳以上は保障内容が悪くなるため、オススメではなくなります。

　CO-OP共済も、介護保険やレジャー保険など、比較的使い勝手のよい保険を提供しています。

　必ずしも共済がよいとは言えません。生命保険の商品と比較しながら考えてください。

都道府県民共済の特徴

● 割戻金が戻ってくる

> ### 掛金は月額2000円でも
> ### 実質は約1280円になる

2000円 × 12ヵ月 ＝ **2万4000円**
〔1年間の掛金〕

> 割安な掛金が
> もっと安く!
> これなら貯蓄も
> できそう

2万4000円 × 36.02% ＝ **約8645円**
〔1年間の割戻金〕

2万4000円 － 8645円 ＝ **1万5355円**
〔割戻金を差し引く〕

1万5355円 ÷ 12ヵ月 ＝ **約1280円**
〔割戻金差引後の1ヵ月当たり掛金〕

都民共済（2023年度）の場合。割戻率は都道府県により異なる

2023年度の都民共済の総合保障型・入院保障型の割戻率は、36.02%。
8645円が口座に振り込まれる。実質の掛金は、月額約1280円ですむ。

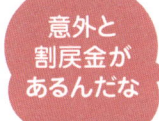

> 意外と
> 割戻金が
> あるんだな

> **辛口コメント**
> 年齢・性別で保険料が変わらない商品もあり、
> 使いやすいという面もあります。

考え方 入り方 選び方 しくみ

061

iDeCoは
どんな制度なの？

これは有利な制度

　すべてを保険商品で考える必要はありません。なにごとにも向き不向きがあります。**保険が強いのは、リスクに対する保障**です。運用を考えるのならば、**iDeCoやNISAの制度を利用したほうが効率的**です。

　ちなみに、iDeCoは運用商品ではありません。iDeCoは個人型確定拠出年金という制度です。

　個人年金保険はiDeCoと同じような目的で使われますが、iDeCoのほうがダンゼン有利です。理由は、iDeCoのほうが税制優遇が大きいこと、投資信託などで運用するのでインフレに強いことがあげられます。個人年金保険にも、生命保険料控除の税制優遇があるとはいえ、控除額は少ないです。また、円建てだと、低金利の影響でそれほど増えません。外貨建てや変額などは手数料が多くて、効率が悪いと言えます。

　もし、老後資金の準備を考えているのであれば、まずはiDeCoを優先しましょう。iDeCoやNISAを限度額いっぱいまで利用していて、ほかの手段をというときに、個人年金保険を検討すればいいと思います。

　右に加入者の状況に応じた拠出限度額を示しておきました。参考にしてください。

iDeCoとは

● 状況によって変わる拠出限度額

 公務員でも入れる

加入資格		拠出限度額

第1号被保険者・任意加入被保険者
自営業者等
→ **月額6.8万円**（年額81.6万円）
（国民年金基金または国民年金付加保険料との合算枠）

第2号被保険者
会社員・公務員等

 2022年10月から企業型DC加入者が入りやすく！

- 会社に企業年金がない会社員 → **月額2.3万円**（年額27.6万円）
- 企業型DC[※1]に加入している会社員 → **月額2.0万円** [※3]
- DB[※2]と企業型DCに加入している会社員 → **月額1.2万円** [※4]
- DBのみに加入している会社員 → **月額1.2万円**（年額14.4万円）
- 公務員

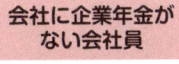

第3号被保険者
専業主婦（夫）

→ **月額2.3万円**（年額27.6万円）

※1 企業型DCとは、企業型確定拠出年金のことをいう。
※2 DBとは、確定給付企業年金（DB）、厚生年金基金、石炭鉱業年金基金、私立学校教職員共済をいう。
※3 企業型確定拠出年金（企業型DC）のみに加入する場合
　　月額5.5万円は、各月の企業型DCの事業主掛金額（ただし、月額2万円を上限）
※4 企業型DCとDB等の他制度に加入する場合
　　月額2.75万円は、各月の企業型DCの事業主掛金額（ただし、月額1.2万円を上限）

辛口コメント
税制優遇がとても大きいことがメリット。
老後資金の準備に最適な制度です。

062

新NISAは
どんな
制度なの?

積立が簡単にできそう

　貯蓄型の保険の項目で、保険と貯蓄は分けたほうが効率的だと述べました。貯蓄を目的としたとき、新NISAはもっとも適している制度だと言えます。

　NISAとは「少額投資非課税制度」のことです。これは税制優遇の制度で、NISAという商品に投資するわけではありません。

　通常、売って儲かったお金(譲渡益)や配当で得た利益(配当益)には、約20%の税金がかかります。しかし、NISA口座を使うと、非課税になります。

　2024年からNISAは大きく変わりました。とても使い勝手のよい制度に生まれ変わっています。こちらは新NISAと呼ばれています。

　資産形成としての保険商品には、外貨建て保険や変額保険などがありますが、**新NISAを優先に考えたほうがいいでしょう。**

　変額保険は投資信託で運用します。新NISAのつみたて投資枠も、投資信託で運用する点は同じです。

　新NISAを利用すれば、余計な手数料がかかりません。掛金の全額が運用に使われるので、その分、投資効率が上がるわけです。

新NISAのしくみ

● メリットがいっぱい

	つみたて投資枠	成長投資枠
年間投資枠	120万円	240万円
非課税保有期間	無期限化	無期限化
非課税保有限度額 （総枠）	1800万円 ※薄価残高方式で管理（枠の利用が可能）	
		1200万円（内数）
口座開設期間	恒久化	恒久化
投資対象商品	長期の積立・分散投資に適した一定の投資信託 （現行のつみたてNISA対象商品と同様）	上場株式・投資信託等 （①整理・監理銘柄②信託期間20年未満、毎月分配型の投資信託及びデリバティブ取引を用いた一定の投資信託などは除外）
対象年齢	18歳以上	18歳以上
現行制度との関係	2023年末までに現行の一般NISA及びつみたてNISAの口座において投資した商品は、新しい制度の外枠で、現行制度における非課税措置を適用 ※現行制度から新しい制度へのロールオーバーは不可	

これなら
貯められる
かも

辛口コメント

資産形成ならば、
新NISAを活用しましょう。生命保険の商品は、
二番手、三番手で検討すれば十分です。

保険料が払えなくなったら？

　人生の中での突然のトラブルに備えて保険に加入します。しかし、急に仕事を失い、保険料を払えなくなったら？　解約すると、病気やケガをしたとき、もっと困ってしまいます。

　保険料が払えなくなっても、すぐに契約が解除されるわけではありません。保険には「払込猶予期間」が設けられています。

　払込猶予期間に保険料が払えない場合、解約返戻金がある保険ならば、保険会社が自動的に立て替えてくれます。ただし、解約返戻金の範囲を超えると、立て替えができなくなります。また、解約返戻金のない保険は、この制度そのものが使えません。この制度は保険会社によって異なるので、確認してください。

　それでも保険料が払えないと、契約の効力はなくなります。3年など一定期間内なら「復活」して、契約を元に戻せることもあります。復活するためには告知・診査が必要で、その間の保険料も払い込まなければなりません。

　それから、生命保険を利用してお金を借りることも可能です。金額は解約返戻金の7〜9割の範囲内です。とはいえ、保険会社が定めた利息がかかります。

　もしも返済されないまま満期を迎えたり、死亡したときには、保険金から借りたお金と利息分を差し引いた金額が支払われます。

第5章

実践！
保険の見直し
ポイント&注意点

保険を見直すための具体的な方法を解説します。
失敗すると大きな損にもつながるので、
重要なポイントです。

063

営業からの「見直しませんか?」は99%損をする

ええっ、ホ当!?

　保険の営業員から、「もうすぐ保険の満期です。見直しをしませんか」とか「保険のメンテナンスをしましょう」と勧められたことがありませんか。彼らはお得感を目一杯アピールします。

　その提案の多くは「転換」です。

　転換とは、同じ保険会社のほかの商品に乗り換えることです。ほとんどが「定特転換」で、加入している保険の積立部分を新しい保険の頭金に使います。

　右の図をご覧ください。見直す時点では年齢が上がるので、全体の保険料はアップしています。それにもかかわらず、月額保険料はあまり変化していません。

　ここが転換の落とし穴。見かけが安くなっている理由は、いままで積み立ててきたお金(解約返戻金)を、定期保険を買う頭金に充てたからです。

　定期保険の部分は掛け捨てなので、その解約返戻金は戻ってきません。さらに、新しい保険では予定利率も下がってしまうのです。

　転換は、ほぼ損をすると心得てください。甘い言葉にうっかり乗らないようにしましょう。

「定特転換」の落とし穴

● 契約者がほぼ損をする「定特転換」

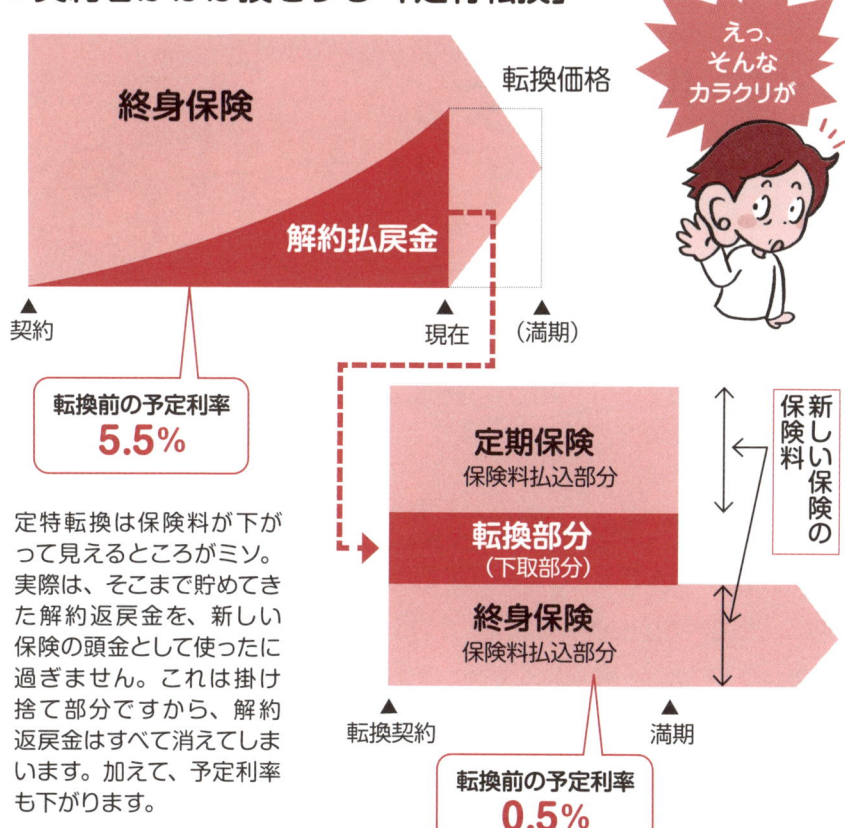

えっ、そんなカラクリが

転換価格

終身保険

解約払戻金

▲契約　　▲現在　（満期）

転換前の予定利率
5.5%

定特転換は保険料が下がって見えるところがミソ。実際は、そこまで貯めてきた解約返戻金を、新しい保険の頭金として使ったに過ぎません。これは掛け捨て部分ですから、解約返戻金はすべて消えてしまいます。加えて、予定利率も下がります。

定期保険
保険料払込部分

転換部分
（下取部分）

終身保険
保険料払込部分

新しい保険の保険料

▲転換契約　　▲満期

転換前の予定利率
0.5%

「得した！」は間違い。
解約返戻金は消え、予定利率も大幅ダウン。

辛口コメント

保険営業員の見直しの提案にはご注意を!

064

お宝保険は手放してはいけない！

昔の保険は解約しちゃダメなの？

保険会社が契約者に約束した運用利回りを、予定利率といいます。バブル当時の予定利率は、5.5％ありました。現在では、0.5〜1％程度です。

利率がよかった昔の貯蓄型保険は、いまや「お宝保険」です。できるだけ解約しないで持っておくのが正解です。

逆に、保険会社にとっては重い負担になるため、予定利率の低い商品に変えてほしいと思っています。それで、転換を勧められることが多かったのです。

保険は定期的に見直したほうが効率的ですが、お宝保険は見直せないのでしょうか。そんなことはありません。

お宝保険の見直しにはコツがあります。それは**利率のよい部分を残して、ほかの部分を整理することです。**

定期保険特約付終身保険を例に、説明します。

主契約は終身保険です。この貯蓄型部分のみが、予定利率に関係しています。それ以外の特約は、基本的に掛け捨てです。主契約はそのままにして、特約部分を見直しましょう。これだけでも、保険料をグッと下げることができます。

第5章 実践！保険の見直しポイント＆注意点

昔の保険は予定利率が高い!

● 予定利率の推移

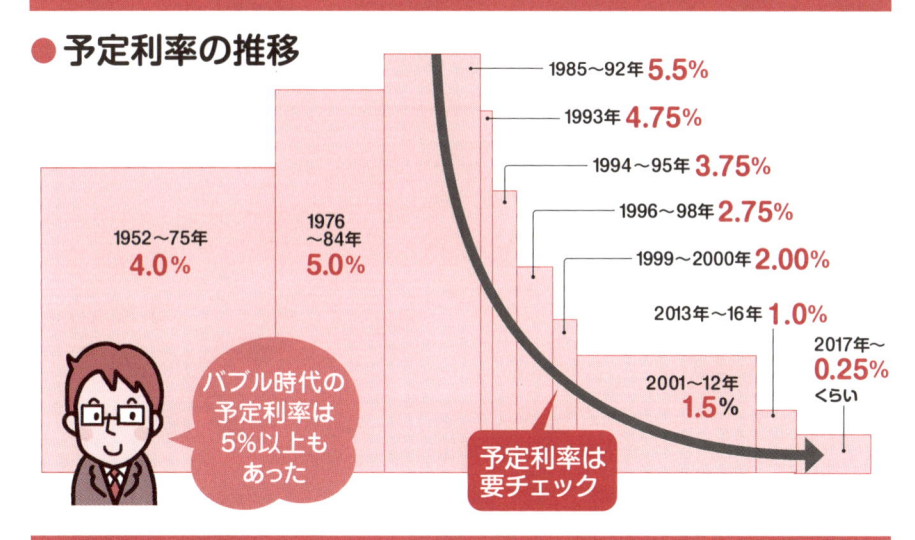

- 1952〜75年 **4.0%**
- 1976〜84年 **5.0%**
- 1985〜92年 **5.5%**
- 1993年 **4.75%**
- 1994〜95年 **3.75%**
- 1996〜98年 **2.75%**
- 1999〜2000年 **2.00%**
- 2001〜12年 **1.5%**
- 2013年〜16年 **1.0%**
- 2017年〜 **0.25%** くらい

バブル時代の予定利率は5%以上もあった

予定利率は要チェック

特約の整理でコストダウン

● 定期保険特約付終身保険の例

- 総合医療特約 （月額保険料 4300円）
- 傷害特約 （月額保険料 100円）
- 生活習慣病特約 （月額保険料 1700円）
- 通院医療特約 （月額保険料 1000円）
- 介護特約 （月額保険料 1000円）
- 定期保険特約 （月額保険料 2900円）

特約だけを解約すると1万1000円の節約

終身保険 死亡保険金500万円 月額保険料 9000円
合計 2万円

→

終身保険 死亡保険金500万円 月額保険料 9000円
合計 9000円

「お宝」は、貯蓄部分である終身保険のみです。これは残し、特約を見直しましょう。日本の大手生命保険会社の契約では、大量の特約がついているケースがよくあります。特約の保険料のほうが高いことも。特約を整理するだけでも、大幅なコストダウンにつながります。

辛口コメント
25年以上前に契約した保険は、お宝保険かもしれません。解約せずに持っておきましょう。

065

保険はどこで加入するのがいいのか

信頼できる人を探します

保険に加入する方法はいろいろあります。

同じ商品でまったく同じ保障内容ならば、どこで契約しても保険料は同じです。生命保険を割引して販売することは、法律で禁じられているからです。

「それなら、どこで相談しても一緒だね」なんて安心してはいけません。とても危険です。

相談する人によって、勧める保険会社、保険商品、保障内容が変わります。試しに何ヵ所かで相談してみてください。たぶん同じ保障内容を提案されることはないと思います。

勧められた商品が同じであったとしても、保障内容や特約のつけ方が違えば、保険料も変わってきます。結果的に、**総額では数百万円もの差が出ることもあるのです。**

保険は、商品自体が複雑でわかりにくいものです。保険に詳しい人に相談したい気持ちはわかります。肝心なのは相手を知っておくこと。

右に、保険会社の営業員、保険乗合代理店、銀行の窓口、ファイナンシャルプランナー、ネット・通販など、主な相談先の特徴をあげておきました。参考にしてください。

第5章　実践！保険の見直しポイント&注意点

相談するところのメリット・デメリット

● どこで相談をすればいいのか？

保険の営業員

保険会社の営業員は一社専属です。扱うのは自分の会社の商品だけですから、他社との比較は期待できません。決まった担当者がいることは、安心感につながるかもしれません。しかし、離職率は高く、担当者はしばしば変わります。

親切に
アドバイス

銀行の窓口

「銀行は信用して大丈夫」という印象が強いかもしれませんが、じつは危険な場所です。金融商品を売って手数料を得れば、それが銀行の利益になります。そのため、できるだけ手数料の高い商品を勧める傾向があるのです。投資信託やラップ口座についても同様のことが言えます。

ファイナンシャルプランナー

ファイナンシャルプランナーには、保険を「販売している人」と「販売していない人」がいます。とはいえ、大半が販売しています。無料で相談に乗ってくれる人は、保険を販売していると考えられます。
保険を販売していない人の相談は有料ですが、ムダな保障を勧められる可能性は低くなります。また、お金の知識があるため、家計全般にわたってアドバイスが受けられます。お金を払っても、メリットは大きいかもしれません。

保険乗合代理店

駅前やショッピングセンターなどにある保険乗合代理店。複数の保険会社の商品を比較でき、相談は無料です。ただ、彼らの目的は保険を売ることです。たくさん売るほど、自分の成績や給料のアップにつながります。

ネット・通販

ネットや通信販売でも加入できます。不要なものまで勧められる煩わしさはありませんが、一方でなんのアドバイスも受けられません。
自分で商品を比較検討し、選ぶことになります。したがって、ある程度の知識が必要です。

自分で
検索を

ネットでの保険相談

「ネットで保険の相談を申し込むだけで高級和牛をプレゼント」といったサービスを見かけます。これは契約しているファイナンシャルプランナーが相談者の情報を購入し、相談を受けるしくみになっています。
ファイナンシャルプランナーとしてはお金を出したぶん、なるべく利益の多い契約を取りたいのが本音です。
そのため、必要以上の保障を提案される可能性もあります。

辛口コメント

保険の営業員や乗合代理店などの相談は、
「アドバイス」ではなく「営業」です。

066

絶対に してはいけない 見直し方とは

後悔　先に立たず

　保険を見直して、別の保険に入り直すことがあります。その際は手順に気をつけてください。

　いまの保険を解約してから、新しい保険を契約する。これはやってはいけません。前の保険と次の保険との間に、**空白期間**ができてしまうからです。その間に大きなトラブルがあったとしても、何の保障も受けられません。

　両方の保険料を払うのはもったいないと数千円をケチったばかりに、取り返しのつかないことになりかねないのです。

　あるいは、告知や診査で引っかかって、新しい保険に加入できない可能性もあります。先に解約していたら、前の保険にも戻ることができないかもしれません。

　保険料がムダになると思っても、**必ず新旧の保険期間をダブらせましょう。**新しい保険の責任開始を確認してから、古い保険を解約するようにしてください。

　また、がん保険には、３ヵ月の待ち期間があります。加入が認められても、この期間は保障がありません。そのため、**がん保険は３ヵ月の間、保障をダブらせる必要があります。**

責任開始はいつ？

● がん保険以外の場合

申し込み　　告知（診査）　　第1回保険料払込み

（申し込み）（告知（診査））（第1回保険料払込み）

この3つが完了してから責任開始！

「申し込み」「告知（診査）」「第1回保険料の払い込み」この3つがそろった段階で、保障はスタートします。新しい保険の責任開始までは、古い保険を解約してはいけません。保障がまったく受けられない期間を作らないために、必ず新旧の保険をダブらせてください。

● がん保険の場合

この期間にがんと診断されても保障の対象にならない！

待ち期間（3ヵ月）　　責任開始

がん保険申し込み　　告知（診査）、第1回保険料払込み完了

3カ月間もダブらせるのか

がん保険は「申し込み」「告知（診査）」「第1回保険料の払い込み」が終わっても、すぐに保障が始まりません。責任開始まで、さらに3ヵ月の待ち期間があります。その間はがんと診断されても保障の対象にならないばかりか、加入が取り消されてしまいます。がん保険は3ヵ月以上ダブらせましょう。

辛口コメント
この手順は絶対に間違えてはいけません。
保険料のダブりは惜しまないこと。

067

見直しの方法①
払済保険／
延長定期

オレは見直しのプロ

保険を見直す際、新しい保険に切り替える方法もありますが、加入している保険を現状に合わせて変更することもできます。とくに、健康上の問題で新しく保険に入れない人には、**告知や診査のいらない見直し方が必要**です。

失業したり何らかのトラブルで、保険料を払い続けることが困難なケースもあります。しかし、解約しては、保障がまったくなくなってしまいます。そんなときは「払済保険」や「延長（定期）保険」にすれば、**それ以降の保険料を払わずに保障を維持できます。**

払済保険は保険料の払込を中止し、その時点での解約返戻金をもとに保障額の少ない保険に変更することです。保障期間は変わりません。終身保険ならば、保険料の払込なしで、一生涯の保障を得られます。

延長（定期）保険は、解約返戻金を使って、定期保険に変更する方法です。ただ、死亡保険金は同額ですが、保険期間は短くなります。

がんの告知を受け、保険料を支払う余裕がなくなったけれど、死亡保障は残したいといった場合には有効です。

なお、いずれの方法も、**特約は消滅します。**

第5章 実践！ 保険の見直しポイント＆注意点

払済保険のしくみ

● 現在の契約（終身保険）

死亡保険金
1000万円

解約返戻金

払済保険のデメリット
▶ 保障額が少なくなる
▶ 特約がなくなる
▶ 貯蓄型の保険のみが対象

払済保険へ変更

死亡保険金
1000万円

死亡保険金 300万円

解約返戻金

これまでに払った保険料に応じて減額する

延長（定期）保険のしくみ

● 終身保険

死亡保険金
1000万円

解約返戻金

なるほど！こういう手があったのか

解約返戻金を活用することで、保険料の負担なく、1000万円の定期保険へ加入する方法

延長（定期）保険へ変更

死亡保険金
1000万円

定期保険

辛口コメント
保険は入るときだけではなく、出口も大事です。
現在の契約を活かした見直し方法もあります。

068

見直しの方法②
増額／減額／変換

家計がセーフ！

　いまより保障を増やしたいときは、増額ができます。増額が必要なケースとしては、子どもが大学に入るので、その間だけ定期保険を増やしたいなどが考えられます。ただし、**増額の場合は、告知や診査が必要**になります。保険料はその時点での年齢で計算されます。

　逆に、減額も可能です。子どもが大学を卒業した、団体信用生命保険に加入したので保障がダブる。こんなときは死亡保障の減額を検討してもいいでしょう。**減額する場合は、告知や診査は必要ありません。**保険料は少し安くなります。解約返戻金のある保険なら、一部を受け取れます。

　また、契約の途中で、保険の種類を変えることもできます。これを変換（コンバージョン）と言います。

　たとえば、**収入保障保険を定期保険や終身保険に変えられます。**収入保障保険は時間の経過とともに保険金の総額が減っていき、子育て家庭にはピッタリです。しかし、余命一年などと宣告されたら、保険金が減り続けるのは困ります。そこで、定期保険に変換するのです。

　ただ、すべての保険が変換できるわけではありません。加入している保険会社に確認をしてください。

増額・減額・変換のしくみ

増額のしくみ

減額更新のしくみ

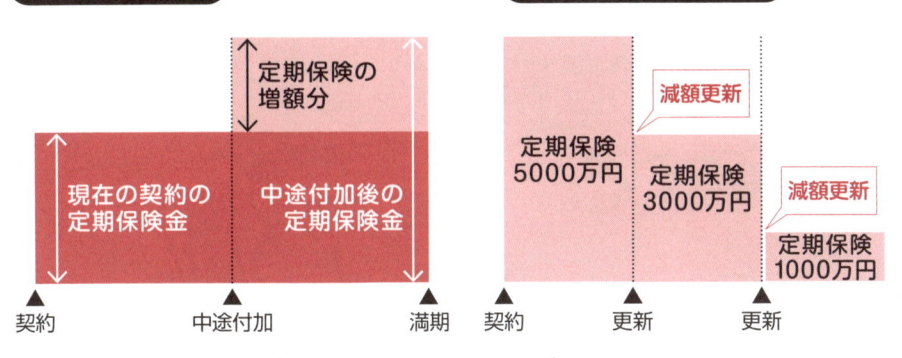

増額のしくみ図:
- 定期保険の増額分
- 現在の契約の定期保険金
- 中途付加後の定期保険金
- 契約／中途付加／満期

減額更新のしくみ図:
- 定期保険5000万円
- 減額更新
- 定期保険3000万円
- 減額更新
- 定期保険1000万円
- 契約／更新／更新

変換のしくみ 47歳、余命宣告10ヵ月

これが保険の出口戦略なのか

そこがポイント

収入保障保険 → 終身保険

終身保険へ変換

長生きすればするほど、保障額が少なくなる

収入保障保険

47歳　55歳

定期保険へ変換

収入保障保険　定期保険

辛口コメント

加入中の保険が変更できると知っている人は、意外と少ないもの。これも保険の出口戦略として有効な方法です。

069

必要保障額を
計算する

どのくらいの保険に入ればいいの？

保険の保障額は多いほうが安心ですが、その分保険料が高くなります。大きすぎる保障はムダですし、小さすぎてもいざというとき役に立ちません。必要保障額より少しだけ高い金額にする。これが賢い設定です。必要保障額とは、もし死亡したときに、残された家族が経済的に困らない金額です。死亡したあとにかかるお金（支出総額）から、死亡したあとに入るお金（収入総額）を引いた金額が、必要保障額となります。必要保障額は、家庭の状況によって異なります。

右ページに一例をあげておきました。子ども2人の家庭で、夫（会社員）が32歳のときに死亡したら、どのくらいのお金が必要かを計算しています。

子ども2人のケースでは**必要保障額は約2700万円**。子ども1人あたりでは、約1500万円になるかも知れません。

しかし、この数字はあくまでも予測です。子どもが私立理系大学に進学した、留学した、残念ながら留年した……。こういうことになったら、お金はもっとかかります。

保険の保障額は、**余裕を持って子ども1人あたり2000万円**と考えておく必要があるかもしれません。

必要保障額の出し方

● 会社員、共働きのケース（男性：32歳）

・共働き／結婚3年目・妻（30歳）と子ども（長女2歳、長男0歳）が2人。
・現在の月間生活費は29.1万円。
・夫婦とも企業に勤務し23歳から厚生年金に加入。
・住まいは借家。それぞれの両親とは別居。

必要なお金

生活費	23年間（末子独立まで）	5622万円
	35年間（末子独立後）	6111万円
保育費・教育費（子ども2人分）		2639万円
結婚資金（子ども2人分）		178万円
住居費用（賃貸費58年間）		4246万円
葬儀費用		405万円
予備費		300万円
合計		1億9501万円

・生活費は、（末子独立まで）：月額29.1万円×0.7×12カ月×23年、（末子独立後）：月額29.1万円×0.5×12カ月×35年で計算。
・公的保障は、2023（令和5）年度の年金額。妻の平均標準報酬額をそれぞれ33万円・25万円で計算。
・妻の就労収入は、年間240万円（税金・社会保険料を控除後の額）×60歳になるまでの30年間、退職金は800万円で計算。

入ってくるお金

公的保障	遺族基礎年金・遺族厚生年金	長女2～18歳（17年間）	2821万円
		長男17～18歳（2年間）	286万円
	遺族厚生年金	妻49～64歳（16年間）	1605万円
	老齢基礎年金・老齢厚生年金	妻65～87歳（23年間）	3261万円
	小計		7973万円
死亡退職金			300万円
自己資産			500万円
妻の就労収入・退職金			8000万円
合計			1億6773万円

生命保険文化センターのホームページより

2700万円
不足するのか

少し余裕を持たせて！

支出の見込額 1億9501万円	−	収入の見込額 1億6773万円	=	保険で準備するお金 2728万円

辛口コメント

遺族厚生年金、遺族基礎年金からかなり出ます。公的保険で足りない分を民間の保険で補うという考え方をしましょう。

070

健康増進型保険 のしくみ

健康に いいコにすると 特典がある！

健康になると保険料が割り引かれたり、サービスを受けられたりする保険をご存じですか。「健康増進型保険」です。

健康増進に向けた取り組みを行うことで、さまざまな特典を獲得できるしくみです。

健康増進型保険は、保険会社・契約者の双方にメリットがあります。健康になれば、保険会社は保険金や給付金を支払う確率が減ります。**一方、契約者にとっても、健康な状態を維持できることは何よりの喜びでしょう。**

「リスク細分型保険」も、同じように保険料の割引があります。こちらは契約したときの健康状態で、割引率が決まります。健康増進型は、**健康によいことをした結果に対する割引**です。つまり、健康を維持するための行動を継続して行うことに重点が置かれているのです。

右の図に、住友生命の「Vitality」のしくみを紹介しました。

健康によいことをすると、いろいろな特典があります。プレゼントを受け取れることが励みとなり、結果的に健康な状態を維持できます。すると、さらに保険料も下がります。このしくみは**継続するモチベーション**につながっていくわけです。

住友生命「Vitality」のしくみ

● 保険料の割引がある

STEP1 目標ポイントを自動設定	STEP2 目標ポイントを目指す	STEP3 目標ポイント獲得で特典を獲得
目標ポイントは達成状況に応じ変動。	目標ポイントは運動（歩数・心拍数）で獲得します。	目標達成で「必ず」特典を獲得できます。

保険契約者に提供していた「Vitality健康プログラム」の一部を利用するしくみ。ちなみに、保険契約者は月額880円を支払えば、プログラムすべてを利用できて、累計ポイントで保険料の割引があります。

ひまわり生命「健康☆チャレンジ」のしくみ

● キャッシュバックがある

契約日にさかのぼって計算した保険料差額相当額を健康チャレンジ祝金として契約者に支払い、将来の保険料を変更。そのため、保険料の変更月により健康チャレンジ祝金の金額（保険料差額相当額）が変わります。

保険料率変更

保険料率変更の告知日が、契約日からその日を含めて2年以上かつ5年以内にある場合に可能です。

健康になると保険料が安くなる

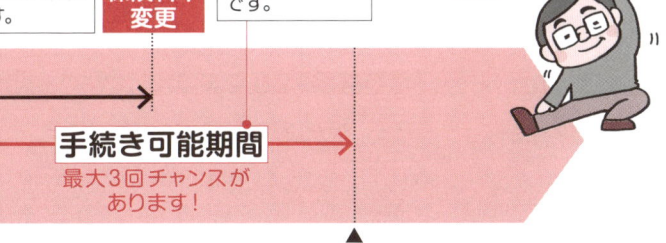

手続き可能期間
最大3回チャンスがあります！

▲ 契約日　　▲ 契約日から2年　　▲ 契約日から5年

手続き可能期間となったら、保険料率変更請求書類が契約者に送られてきます

「健康☆チャレンジ制度」は、契約から2年以上5年以内に禁煙に成功して、健康の数値が所定の条件になれば、それ以降の保険料が割引されます。さらに、契約日にさかのぼって、保険料の差額を祝い金として戻されます。

辛口コメント
持続しないと保険料が上がるため、割高になります。

071

10年前の保険
どうしたらいいの？
（終身保険・定期保険・収入保障保険）

見直しを
検討しよう

OK

　筆者が監修している「NEW よい保険・悪い保険 2024年版」（徳間書店）の巻頭特集は、同じ商品の10年前と現在の比較です。

　このデータを使って、「10年前の保険を乗り換えると、得か損か」を、ジャンルごとに見てみましょう。

・終身保険…10年前に比べて予定利率が下がり、保険料はグッとアップしました。さらに言うなら、30年前の予定利率は非常に高かったので、保険料はもっと安かったのです。**予定利率がよかった昔の保険を手放して新たに入り直すと、損になります。**

・定期保険…平均寿命が延びて死亡率が下がったため、保険料も下がりました。定期保険の特徴として、一定期間で更新があります。しかし、**年齢が上がっても、保険料のアップは少ないかもしれません。**

・収入保障保険…死亡率が下がったので、こちらも保険料が下がりました。**健康に自信のある方はリスク細分型に乗り換えることで、さらに保険料が安くなる可能性があります。**

10年前といまは?

● 同じ商品で比較

予定利率がダウン、保険料は大幅にアップ

終身保険
死亡保険金＝500万円、60歳払済、特定疾病診断保険料免除特約なし

2014年
NKSJひまわり生命
「一生のお守り」
（男性）
30歳：9640円
40歳：1万5575円
50歳：3万3235円

2024年
SOMPOひまわり生命
「一生のお守り」
（男性）
30歳：1万2215円
40歳：1万9110円
50歳：3万9365円

収入保障保険
年金月額＝15万円、保険期間・払込期間＝60歳満了、非喫煙健康体

2014年
NKSJひまわり生命
「家族のお守り」
（男性）
30歳：3585円
40歳：3960円
50歳：4290円

2024年
SOMPOひまわり生命
「じぶんと家族のお守り」
（男性）
30歳：2595円
40歳：2925円
50歳：2790円

年齢が上がっても、保険料は下がった

定期保険
死亡保険金＝1000万円、保険期間＝10年、非喫煙優良体

10年後に更新すると保険料は少しアップ

2014年
メットライフアリコ
「スーパー割引定期保険」
（男性）
30歳：1140円
40歳：1800円
50歳：3860円

2024年
メットライフ生命
「スーパー割引定期保険」
（男性）
30歳：840円
40歳：1610円
50歳：3350円

辛口コメント

新たに入り直したほうが、
保険料が安くなることもあります。
見直すときはご確認を。

072

10年前の保険
どうしたらいいの？
（医療保険・がん保険）

変身ー！

10年前とは違う！

　10年前の医療保険と現在販売している同じ商品を比べると、保険料はそれほど変化はありません。

　しかし、**保障内容を見ると、格段によくなっているのです。**三大疾病などの要件が緩和されたり、入院一時金の保障がついていたりします。単純には比較できませんが、実質の値下げと言っていいでしょう。

　競争が激しいジャンルでもあり、保険会社はさまざまな改良を行っています。

　医療の現場では、入院日数がどんどん短くなっています。保険でも、そうした現状に対応した商品が求められているようです。

　さらに変化が大きいのが、がん保険です。

　がんの治療は日進月歩です。以前は手術が中心でしたので、保障内容は「一時金＋入院・手術＋特約」という形でした。

　ところが、いまは、手術・化学療法・放射線治療と選択肢が増え、かつての保障では対応しきれません。そのため、**保障内容がガラリと変わってきたのです。**

　医療保険、とくにがん保険は、医療の進歩とともに変化していきます。**昔の保険は見直しを検討してもいいと思います。**

10年前といまは？

● 保障内容が大きく変わった

医療保険
入院日額＝5000円、60日型、終身払い、先進医療特約付

2014年
オリックス生命「新キュア」

（男性）
30歳：1582円
40歳：2187円
50歳：3172円

3大疾病：入院日数無制限

2024年
オリックス生命「キュア・ネクスト」

（男性）
30歳：2005円
40歳：2750円
50歳：3975円

入院一時金：5万円
7大疾病：入院日数無制限

> 保険料はアップしても、保障内容もアップ

がん保険
終身払い、先進医療特約付

2014年
NKSJひまわり生命「勇気のお守り」

（男性）
30歳：2882円
40歳：4182円
50歳：6475円

入院給付金：1万円
診断給付金：100万円
診断給付金は2年に1回

2024年
SOMPOひまわり生命「勇気のお守り」

（男性）
30歳：2797円
40歳：4170円
50歳：6605円

診断給付金：100万円
診断給付金は1年に1回
がん治療給付金：10万円
自由診療抗がん剤給付金

> 10年前とは保障内容が大きく変化。最新の治療にも対応

辛口コメント
がん保険は、保障内容が大きく変化しています。以前の保険では、リスクに対応できないこともあります。

073

「保険料は一生上がりません」セールストークに注意

よい保険が出ました

「保険料は一生上がりません」

こんなフレーズを、テレビコマーシャルで聞いたことはありませんか。

通常、年齢とともに保険料は上がっていきます。年齢が上がるにつれ、病気や死亡のリスクも高まるからです。それなのに、保険料が変わらないとは、お得な感じがします。

一生保険料が上がらない保険は、終身払いの保険を意味します。言い換えれば、**「一生保険料を払ってください」**ということです。

たしかに、目先の保険料は安めに設定されています。しかし、ずっと支払っていくと、保険金額よりも払込保険料の総額のほうが大きくなることがあります。つまり、決して得ではないのです。

この長寿時代、100歳も珍しくありません。そこまで払い続けたら、いったいいくらになるかを考えてみましょう。

その他、「持病があっても入れます」は、引受基準緩和型の保険です。入りやすい分、通常の保険よりも保険料が高くなっています。そもそも高いところにもってきて終身払いだと、保険料の総額はかなり大きくなる可能性があります。

お得感いっぱいのフレーズには、裏があると思ってください。

営業トークの「建前」と「本音」

● 巧妙なトークの裏側は

内心は
こう思っている

建前 一生保険料は上がりません

> これは終身払いの終身保険です。保険料は一生払い続けてくださいね。長生きすると、死亡保険金より、払い込んだ保険料の総額のほうが多くなってしまうかもしれませんが。　**本音**

建前 持病があっても入れます

> 引受基準緩和保険です。加入条件が緩い分、保険料は高めになっています。　**本音**

建前 いま解約すると損です

> 契約から数年で解約されると、ペナルティがあるのよ。私が損するからやめてね。　**本音**

建前 よい保険が出ました

> 新しい保険に乗り換えてくれると、「新規契約」になるんです。これでノルマが達成できます。　**本音**

建前 この保険が、一番人気です

> 保険会社が一番売りたがっている商品です。みんなに勧めているので一番人気になったんですけどね。　**本音**

建前 オーダーメイドのプランを作ってきました

> いまと保険料が変わらないように作りました。必要のない保障も入っていますが、これなら気がつかないでしょう？　**本音**

辛口コメント

> セールストークにダマされないようにしましょう。

074

保険は
いつまで入る
べきなのか

いつまで保険料を払えばいいの？

「保険をやめると病気になりそう」という声をよく聞きます。後悔したくない気持ちが強く、なかなか保険をやめられない人も多いでしょう。やめ時の見極めは難しいものです。

とはいえ、終身払いの保険だと、死ぬまで保険料の支払いが続きます。たとえば、30歳のときに月額2000円の終身医療保険に入ったとします。90歳までの保険料総額は、144万円です。

医療保険はそもそも必要性が低いので、**やめるタイミングは「いま」と答えます。** 年を取ってからが心配な人も、後期高齢者になれば、治療費の自己負担は2割になります。そのタイミングでどうでしょう。

また、高齢になるほど、がんに罹患する確率は高くなります。しかし、がん保険にずっと入り続けるのは意味がありません。高齢になれば、体力も衰えてきます。健康状態によっては、手術や抗がん剤治療に耐えられないこともあります。それでは、がん保険も使えないのです。がん治療で自由診療を考えている場合は、後期高齢者になったとき、**体力や健康状態を見て判断してはいかがでしょうか。**

ちなみに、**終身払いの保険に保険料払込免除特約**をつけておくと、病気になっても払い続ける状態を回避できます。

保険のやめ時を考える

● 終身払いの保険、一生払い続けるの?

終身保険の場合

- 死亡保険金 **300万円**
- 60歳の月額保険料 **1万587円**

> 84歳まで支払うと、死亡保険金よりも多くなる

84歳まで支払うと…
月額1万587円×12ヵ月×24年 = **305万円**

がん保険の場合

- 診断一時金 **100万円** 1回のみ
- 終身払い 60歳の月額保険料 **3850円**

> がん診断一時金よりも払い込んだ保険料のほうが多い

85歳まで支払うと…
月額3850円×12ヵ月×25年 = **約116万円**

医療保険の場合

- 入院日額 **5000円** 入院限度日数60日
- 月額保険料 **3705円**

> 貯蓄をしていたほうがいいのでは?

85歳まで支払うと…
月額3705円×12ヵ月×25年 = **約111万円**

> **辛口コメント**
> 保険をやめる決断は難しいですが、これから支払う保険料の総額を考えてみましょう。

075

必要な特約、不要な特約

不要な特約を整理する

　保険は、主契約と特約の組み合わせでできています。

　大手生命保険会社の商品では、特約が山ほどついた契約をしばしば見かけます。不要な特約を整理すれば、大きな節約につながります。

　特約は、主契約に保障を追加するものです。主契約を解約すると、特約も解約になります。特約だけの保障が必要なときには困ってしまいます。

　たとえば、医療保険にがん保険の特約をつけた場合、医療保険をやめてしまうと、がん保険特約もなくなります。。

　がん保険特約と単独のがん保険を比べると、単独の保険のほうが保障が手厚い場合が多いと言えます。がん保険の特約は、ちょい足しといった内容です。主要な保障は単独で加入するのがいいでしょう。

　しかし、使える特約もあります。

　たとえば、**「リビング・ニーズ特約」「保険料払込免除特約」「指定代理人請求特約」「先進医療・患者申出療養特約」** などは役に立ちます。こういう特約はつけておくほうが◎。

　特約は多種多様で、迷うと思います。右にそれぞれの特徴を記しておきました。参考にしてください。

主な特約の種類と特徴

特約よりも
単独が
よい場合も

● 主契約にプラス

主に死亡を保障	定期保険特約	死亡、高度障害のときに保険金が受け取れる
	収入保障特約	死亡、高度障害のときに年金として保険金が受け取れる
	災害割増特約	不慮の事故、所定の感染症による死亡、高度障害のときに上乗せで保険金が受け取れる
	傷害特約	不慮の事故、所定の感染症による死亡、不慮の事故で所定の身体障害状態になったとき保険金、給付金が受け取れる
病気やケガ、介護を保障	災害入院特約	不慮の事故で入院したときに入院給付金が受け取れる
	疾病入院特約	病気で入院したとき入院給付金が受け取れる
	総合医療特約 （医療特約・入院特約）	不慮の事故や病気で入院したときに入院給付金が受け取れる
	入院一時金特約	入院したときに、入院給付金とは別に一時金を受け取れる
	長期入院特約	長期の入院をしたときに入院給付金が受け取れる
	通院特約	退院後、通院で治療をした場合には受け取れる
	女性疾病入院特約	女性特有の病気で入院した場合に上乗せで受け取れる
	生活習慣病（成人病）入院特約	所定の生活習慣病で入院したときに上乗せで受け取れる
	特定疾病（三大疾病）保障特約	特定疾病により所定の状況になったときに、保険金、給付金が受け取れる
	がん入院特約	がんで入院したときに給付金が受け取れる
	特定損傷特約	不慮の事故により、骨折、関節脱臼、腱の断裂の治療をしたとき、給付金が受け取れる
	先進医療特約	先進医療を受けた場合、その技術料相当額の給付金が受け取れる
	就業不能保障特約	病気やケガで一定期間以上就業できないときに、一時金や年金が受け取れる
	介護特約	要介護状態など、所定の状態になったら年金・一時金が受け取れる
	リビング・ニーズ特約	医師から余命6カ月以内と宣告された場合、死亡保険金の一部または全部を受け取れる
	保険料払込免除特約	所定の状態になったら、以後の保険料が免除される
	指定代理人請求特約	被保険者本人が請求できない特別な事情がある場合、あらかじめ指定した代理人が請求できる

辛口コメント

特約のつけすぎは、保険料アップの元です。
必要・不要を仕分けしましょう。

076

指定代理人請求特約と リビング・ニーズ特約 は無料

無料の特約

　特約には保険料が発生しますが、無料で付加できるものもあります。それは「指定代理人請求特約」と「リビング・ニーズ特約」です。いずれも必要性は高いので、ぜひ入っておきたい特約です。それぞれについてご説明します。

「指定代理人請求特約」とは、被保険者（給付を受ける人）に特別な事情があって請求ができない場合、契約者があらかじめ指定した代理人が被保険者にかわって保険金などを請求できるしくみです。**寝たきりになったり、認知症になったときに、役に立ちます。**

「リビング・ニーズ特約」とは、被保険者が余命6ヵ月以内と診断されたとき、生存中に死亡保険金などの一部を前払いで受け取れる特約です（上限3000万円）。治療費の補てんや旅行に行くなど、余命期間を充実させるためにそのお金を充てられます。余命期間を過ぎて存命していても、返還する必要はありません。

　ただし、**このお金を使い切らないで亡くなった場合は、相続財産として相続税の課税対象になります。**リビング・ニーズ特約を使わなければ、死亡保険金はみなし相続財産として税制優遇があります。特約を使うかどうかは、そのときに判断することができます。

指定代理人請求とは

● 意思確認ができない場合

例えば……脳卒中などで突然倒れ保険金や給付金等を請求する前に、寝たきりになり、意思表示ができなくなった場合（契約者・被保険者とも夫）

脳卒中で
突然倒れる

寝たきりの
要介護状態に

指定代理請求特約を
付加していた場合

ハイ
私が代理で
請求します

▶指定代理請求特約を付加していない場合

入院給付金や介護保険金などは、夫（被保険者）が請求するものなので、請求が困難になる場合がある。被保険者に代わって妻（指定代理請求人）から保険金・給付金などを請求できる。請求には所定の書類が必要。

リビング・ニーズとは

● 余命6ヵ月以内と宣告された場合

例えば……余命6ヵ月と判断された場合

ショック…

リビング・ニーズ
特約を活用

残された時間を有意義に過ごすことに使ったり、治療に専念するために使うことができる。

余命6ヵ月程かと…

辛口コメント

保険料は必要ないので、入っておくのが◎。

077

祝い金が出る保険は得!の間違い

お祝い金は得と思っていたけど…

　健康祝い金が出る保険があります。

　一定期間に給付金などを受け取らなかったら、数年ごとに数万円の祝い金をもらえるしくみになっています。お得な感じがしますが、本当にそうでしょうか。

　3年間、給付金や保険金の請求をしなければ、5万円を受け取れる医療保険で考えてみます。入院給付金は日額5000円です。

　健康祝い金の特約をつけると、当然、その分の保険料がかかります。

　3年間の保険料と、受け取る祝い金の差額は約1万円です。たしかに、これは得だと言えます。

　では、3年の間に5日間の入院をしたとします。入院給付金は2万5000円受け取れますが、健康祝い金はゼロ。仮に、この給付金を請求しなければ、祝い金5万円が出ます。

　なんと入院給付金を受け取らないほうが得をします。しっかり保険料を払っているのに、これでは**何のために医療保険に入っているのかわかりません。**

　健康祝い金は得とは言えないのです。保険はリスク回避の手段ですから、掛け捨てが合理的です。

健康祝い金は本当に得なのか?

● 健康祝い金がある場合

- ● 健康祝い金 　5万円 　3年に1回
- ● 健康祝い金の特則保険料 　**月額1115円**

3年支払うと…

月額1115円×12ヵ月×3年＝ 4万140円

9860円の得

入院した場合

入院給付金日額5000円×5日＝ 2万5000円

入院給付金を受け取ると

2万5000円

受け取らないと

健康祝い金
5万円

どうする?

「お金が戻ってくると得」は、
単に「得した気分になる」だけです。

078

保険を組み合わせるのが正解!

組み合わせればいいニャー！

　保険が保障する範囲は、それぞれ決まっています。

　死亡保険は死亡または高度障害状態だけ、医療保険は入院や手術に対してだけ、がん保険はがんだけ、介護保険は要介護になったときだけ。このように保障される範囲は非常に狭くできています。

　あれもこれも保障がほしいとなれば、たくさんの保険を契約するしかありません。しかし、そんなことをすると、保険料がバカ高くなってしまいます。

　必要な保険だけを選びましょう。

　自分に合った保障を得るためには、**保険の組み合わせが重要**です。**特約をつけたほうが有利な場合もあれば、単独の保険にしたほうが合理的な場合もあります。**

　そこで、具体的なケースを例に、ベストな保険（保障）の組み合わせを考えてみたいと思います。

　ここでは、すべてを保険で備えてはいません。公的保障を考慮しながら、iDeCoやNISAなど税制優遇のある制度も賢く使って組み合わせていきます。

　くれぐれも保険の入りすぎには注意しましょう。

就業不能保険と収入保障保険の組み合わせ

● 別々に入ったほうが得かも？

40歳（男性） 非喫煙優良体、払込期間65歳満了、年金月額10万円

主契約 ＋ 特則	別々の保険
A 社の 収入保障保険 2328円	**A 社の 収入保障保険** 2328円
A 社の 就業不能保険特約 2175円	**B 社の 就業不能保険** 1790円
合計 **4503 円**	合計 **4118 円**

保険を組み合わせることで安いこともあるんだ！

別々のデメリット＝保険会社が別なので管理が面倒

上の例は、収入保障保険と就業不能保険の組み合わせです。2つの保障がほしいとき、片方を特約にすることもできます。しかし、単独の保険をそれぞれ契約する方法もあります。そのほうが保険料は安くなり、保障は充実するかもしれません。

辛口コメント

ベストな保険を組み合わせると保険料が安くなり、保障も充実します。

079

保険の組み合わせ
モデルケース①

組み合わせを
考えてみよう

　小さい子どもがいる30代の子育て家庭で考えてみます。

　もし、親が死亡したら残された家族は非常に困ります。夫婦ともに**収入保障保険**で備えましょう。若いので、がんに罹患する確率は低いのですが、もしも罹患すれば収入が減ってしまうおそれもあります。夫婦とも、がん保険で備えておきたいところです。

　子どもの教育費はとても多くかかります。学資保険で備えることもできますが、予定利率がよくありません。**新NISA**を使って、大学の教育費に備えます。上記は子ども1人の場合の備えです。では、子どもが2人のケースではどうしましょう。

　収入保障保険の保障額を倍に増やす方法も考えられます。しかし、もっとも教育費がかかる時期に、保障額が減ってしまう可能性があります。収入保障保険は、時間の経過とともに保障額が減るからです。

　そういうときは、**定期保険をプラスする方法**があります。一定期間のみ、保障を手厚くするわけです。

　新NISAの積立額は、できるだけ増やしたほうがいいですね。

　40代ディンクスの場合は、リスクが小さいです。それほど保障を厚くする必要はありません。

ベストな組み合わせの例①

● 子どものいる家庭、いない家庭

定期保険と
がん保険の
組み合わせ

30代前半で教育費の準備の場合

夫

▶ 収入保障保険＝月額保険料：3525円
（年金月額：15万円／保険期間：65歳）

▶ がん保険＝月額保険料：1395円

▶ 新NISA

妻

▶ 収入保障保険＝月額保険料：3015円
（年金月額：15万円／保険期間：65歳）

▶ がん保険＝月額保険料：1711円

▶ 新NISA

夫婦の合計　**月額保険料 9646 円**

iDeCo
NISAの
両方で
積立を

40代後半ディンクスの場合

夫

▶ 定期保険＝月額保険料：2680円
（死亡保険金：1000万円／保険期間：10年）

▶ がん保険＝月額保険料：2901円

▶ iDeCo

▶ 新NISA

妻

▶ 定期保険＝月額保険料：1870円
（死亡保険金：1000万円／保険期間：10年）

▶ がん保険＝月額保険料：2251円

▶ iDeCo

▶ 新NISA

夫婦の合計　**月額保険料 9702 円**

辛口コメント
教育資金や老後資金を貯めることが目的なら、
保険よりiDeCoやNISAのほうが向いています。

080

保険の組み合わせ モデルケース②

しっかり備える

　フリーランスや自営業者は、会社員などと比べて公的保障が少ないです。その分、**自助努力で備える必要**があります。

　遺族基礎年金は受け取れますが、遺族厚生年金はありません。そのため、死亡保障は手厚くしましょう。また、傷病手当金もないため、働けなくなったときに備えて、**就業不能保険**に入っておきたいものです。

　また、老齢厚生年金がないので、**自分で年金を積み立てましょう。国民年金基金またはiDeCoの利用をお勧めします。**

　子どもが独立すると、大きな保障は必要なくなります。定年退職が間近という人も多いと思われます。とくに年金暮らしになったら、大きな保障は不要です。

　定年後のリスクは老後資金です。**年金の繰下げ受給**を使って対応するのはいかがでしょうか。

　その他の大きな心配は、**病気と介護**です。年齢が上がるにつれ病気になるリスクは高まりますが、健康保険で対応できると思います。

　問題は介護ですが、貯蓄で対応するのが一番よいと考えます。しかし、貯蓄に余裕がない人は、介護保険で備えるのもひとつの方法です。

ベストな組み合わせの例②

● 自営業者は保障を厚めにする

40代前半でフリーランスの場合

 収入保障保険、就業不能保険、がん保険の組み合わせ

夫

- ▶ 収入保障保険＝月額保険料：3960円
  （年金月額：20万円／保険期間：60歳）
- ▶ 就業不能保険＝月額保険料：2370円
  （給付金月額：10万円／保険期間：60歳）
- ▶ がん保険＝月額保険料：2351円
- ▶ 新NISA
- ▶ 小規模企業共済
- ▶ 国民年金基金

妻

- ▶ 収入保障保険＝月額保険料：1750円
  （年金月額：10万円／保険期間：60歳）
- ▶ 就業不能保険＝月額保険料：2010円
  （給付金月額：10万円／保険期間：60歳）
- ▶ がん保険＝月額保険料：2091円
- ▶ 新NISA
- ▶ 国民年金基金

夫婦の合計

月額保険料 1万4532円

50代後半で子育て終了の場合

 がん保険と介護保険の組み合わせ

夫

- ▶ 終身保険＝払込満了なので0円
- ▶ がん保険＝月額保険料：4651円
- ▶ 介護保険＝月額保険料：3010円
  （年金タイプ：30万円／保険期間：終身）
- ▶ 新NISA

妻

- ▶ がん保険＝月額保険料：2751円
- ▶ 介護保険＝月額保険料：4090円
  （年金タイプ：30万円／保険期間：終身）
- ▶ 新NISA

夫婦の合計

月額保険料 1万4502円

辛口コメント 高齢になるとともに、大きな保障は必要なくなります。その分を老後資金に回すのが正解です。

081

付帯サービスを
使いこなす①

使ってみたいニャー

　付帯サービスをご存じですか。

　保険会社が加入者を対象に提供しているサービスです。有料のものもありますが、多くは無料で利用できます。

　せっかく保険を契約しているのですから、使わないのはもったいない。しかも、けっこう使えるサービスもそろっているのです。

　多くの保険会社がつけているサービスが**「24時間電話相談サービス」**です。夜間、病院が閉まっている時間に子どもの容体が悪くなった、赤ちゃんが誤飲したなどの相談に役立ちます。

「セカンドオピニオン・サービス」は、がんなどの大きな病気のときに、主治医とは違う医師の意見を聞く手助けになるサービスです。医師の紹介だけでなく、面接の日時まで調整してくれることもあります。

　また、**レジャー施設や映画館、旅行費用などが安くなるサービス、税務・法務・相続などをサポートするサービス**など、多種多様なサービスがあります。

　ただ、付帯サービスは、急に終了したり、新しく追加されることがあり、確認が必要です。毎年届く「保険契約の案内」に記載されている場合もあります。

意外と役立つ付帯サービスの一例

● 多くは無料で提供

けっこう
便利に
使えます

よりそうがん相談サポート

アフラック

がん患者に対する相談サポート経験がある看護師や社会福祉士の専門チームが対応。疑問、悩み、困っていることなど、何度でも無料で相談が可能。

がん治験情報提供サービス

FWD生命

日本で行われている、がんの治験に関する情報を検索できる。自分に合った治験を選び、参加を申し込める。がん治験についての質問や相談も、電話・メールで応じてくれるサービス。

人間ドック・PET検査

メットライフ生命、アクサ生命、あんしん生命 など 各社

全国の提携医療施設から、希望に合った施設の紹介・予約代行・受診券の郵送などを行う。ただし、検査費用は自己負担。

24時間電話相談サービス

各社（一部ない会社もある）

24時間・年中無休で、健康に関する電話相談ができる。病院が閉まっている夜間に子どもが発熱した、赤ちゃんが誤飲したといったときにも助かる。

セカンドオピニオン・サービス

各社（一部ない会社もある）

大きな病気にかかり、主治医とは違う医師の意見を聞きたいとき、その手助けをするサービス。各診療科の専門医を紹介するほか、面接の日時なども調整してくれる。

介護に関するサービス

各社（一部ない会社もある）

介護に関わる相談を、電話や訪問で受けつける。有料だが、ALSOKの見守りサービス、排尿サポート、訪問理美容、在宅支援などのサービスも提供。サービス内容は会社によって異なる。

 **辛口コメント**

無料のサービスなので（有料もありますが）、
使ったほうがいいですよ！

082

付帯サービスを使いこなす②

えっ、こんなのもあるの！

　付帯サービスは、いろいろな種類があります。ここでは、とくに便利で役に立ちそうなサービスを紹介してみます。なかには有料のサービスもあるので、確認を忘れずに。

障害年金サポート

チューリッヒ生命

障害年金に関わる悩みを、電話で専門家に相談できる。状況に応じて、障害年金の申請代行を依頼することも可能（申請代行は有料）。

ペットシッターサービス

オリックス生命、メットライフ生命 など

病気で入院した、急な出張が決まった、ペットがいるから旅行に行けない。そういうとき、かわりにペットの世話をしてくれる。有料のサービス。

がんリスク検査サービス

太陽生命、SOMPOひまわり生命、東京海上日動あんしん生命 など

がんのリスクスクリーニング検査を行う。「アミノインデックス」「SalivaChecker」「miSignal」など会社によって異なる。有料。

受診手配サービス

日本生命、住友生命、FWD生命、メットライフ生命 など

専門的な治療を必要とする場合、医療機関のネットワークからその治療を行える場所を探し、受診できる。

ほんとうに
いろんなサービスが
盛りだくさん

レジャー施設、宿泊、グルメなどの割引サービス

メットライフ生命、チューリッヒ生命、太陽生命、T&D生命 など

レジャー施設、映画館、宿泊施設などを利用するとき、料金が割引になる。上手に活用すれば、ちょっとお得。

税務・法務・相続サポートダイヤル

東京海上日動あんしん生命、日本生命、明治安田生命 など

税務・法務・年金・相続などの問題に、専門家が答えてくれる。電話によるサービス。

家族信託組成サービス

アフラック、東京海上日動あんしん生命、メットライフ生命 など

認知症によって資産が凍結されることに備えた「家族信託」のサービス。提携会社を紹介。

メンタルヘルスサービス

メットライフ生命、アクサ生命 など 各社

心の問題や精神的な悩みを、心理カウンセラー（臨床心理士、精神保健福祉士など）に相談できる。電話相談、またはオンライン面談が可能。

女性相談コンシェルジュ

メットライフ生命

女性に特有の心身の悩みを相談する専用の窓口。出産後の体調ケア、がん検診のアドバイス、介護など、多様な悩みに女性ヘルスカウンセラーが対応してくれる。

家事代行サービス

オリックス生命、ライフネット生命、SOMPOひまわり生命 など

急なケガや入院、出産、単身赴任など、家事に手が回らないとき、家事代行サービス事業者を紹介。有料。

辛口コメント

無料サービスと侮るなかれ。
一度、チェックしてみましょう。

083

保険料を
お得にする
方法は

お得に契約を

　同じ商品で同じ保障内容ならば、保険料は同じです。すでに述べたように、保険料を割引することは法律で禁じられています。

　とはいっても、保険料を安くする方法は存在します。

　一般的に、保険料は月払いにしている人が多いと思います。これを**半年払いや年払いにすると、保険料が割り引かれます。**まとめて払うほど、割引率はよくなります。

　どのくらい割引になるかは、保険会社によって異なります。

　デメリットとしては、年払いだとまとまったお金が必要になることがあげられます。

　もし、途中で解約をしたいときは、未契約分のお金は返却されます（ただし、2010年4月1日以降の契約に限られます）。

　さらに、**クレジットカード払いにすれば、クレジットカードのポイントが貯まります。**クレジットカードの還元率が1％なら、1％分のポイントがつくわけです。

　生命保険は、10年・20年という超長期契約なので、ずっとお得が続きます。

　年払いでクレジットカードを使う方法が、もっともお得です。

どのくらい得になる？

● 年払いとクレジットカードの組み合わせ （例）

年払い 保険料の支払い方法は、月払い、半年払い、年払いの３つです。まとめて支払うほど割引率がよくなります。

	月額	年額	月払いとの差額
月払い	1万7332円	20万7984円	
半年払い	10万3072円	20万6144円	1840円
年払い	20万4023円	20万4023円	3961円

月払いと年払いの差額は3961円

20年間で7万9220円の得

クレジットカード払い ＋ 年払い

年払いをクレジットカードで支払うと、保険料が割り引かれるうえにポイントもつきます。いっそうお得に。

割引とポイントの二重でお得

● 年払いの保険料20万4023円を還元率1％のクレジットカードで支払うと、

2040ポイントをゲット！

● 1ポイントを1円と計算すると、年払いで3961円の得＋ポイント2040円分が得

合計6001円の得

20年間で約12万円の得

保険料は定期的に引き落とされ金額も大きいため、公共料金のようにポイントが貯まりやすいです。還元率のいいクレジットカードを利用しましょう。

辛口コメント

どうせ保険料を払うなら、少しでもお得な方法をチョイス。

084

税金が安くなる
生命保険料控除

生命保険には、「生命保険料控除」という税制優遇の制度があります。

会社員の手続きは、とても簡単です。年末調整のときに、生命保険会社が発行する「生命保険料控除証明書」を提出すればいいだけです。

自営業者は、確定申告のときに手続きをします。

生命保険会社から「生命保険料控除証明書」は届くと思いますが、希望すれば「電子データ」も発行されます。e-taxで確定申告をする場合には役立ちます。

この**手続きを忘れてしまうと、控除は適用されません**のでご注意ください。

ところで、生命保険料控除は、2012年以前と以降の契約で制度が異なります。

右の図に、それぞれの控除額を示しました。自分が契約した時期に合わせて確認してみてください。**最大控除額は、所得税12万円、住民税7万円になります。**

個人年金保険などは、低金利のせいであまり増えません、ただ、生命保険料控除を使うことによって、メリットが増えます。

第5章 実践！ 保険の見直しポイント&注意点

生命保険料控除のしくみ

● 税金が安くなる

生命保険料控除適用限度額

生命保険料を支払うと一定の金額が所得から控除されます。2012年1月1日以降とそれ以前では、少し異なるので要注意。2012年以降の契約なら、年間8万円以上支払うと4万円の控除を受けられます。

旧制度 2011年12月31日以前に締結した保険契約など

全体の所得控除限度額	所得税	10万円
	住民税	7万円
一般生命保険料控除限度額	所得税	5万円
	住民税	3.5万円
個人年金保険料控除限度額	所得税	5万円
	住民税	3.5万円

契約した時期によって控除が変わる

新制度 2012年1月1日以降に締結した保険契約など

全体の所得控除限度額	所得税	12万円
	住民税	7万円
一般生命保険料控除限度額	所得税	4万円
	住民税	2.8万円
個人年金保険料控除限度額	所得税	4万円
	住民税	2.8万円
介護医療保険料控除限度額	所得税	4万円
	住民税	2.8万円

辛口コメント

じっと待っていても、控除はありません。
忘れずに手続きをしましょう。

O85

契約のしかたを
間違えると
大損する！

えっ、受取人を
子にすると贈与税が
かかるの！

　保険の契約をするときには、「契約者」「被保険者」「受取人」を指定します。

「契約者」は、保険を契約して、保険料を払う人。

「被保険者」は、保険の対象となる人。

「受取人」は、保険金や給付金を受け取る人。

　医療保険などは、三者が同じになるケースがあります。自分で契約して支払い、自分が入院したときに、自分で給付金を受け取るわけです。

　しかし、死亡保険は違います。死亡している「被保険者」は、「受取人」にはなれません。

　死亡保険金にかかる税金は、すべて相続税だと思っていませんか。

　じつは、この三者の設定によって、税金が変わってきます。

　たとえば、妻が「被保険者」の死亡保険で、保険料は夫が支払うからと「契約者」を夫にしたとします。「受取人」を夫にすると、保険金に所得税がかかります。どうせ子どもに遺産を分けるのだからという理由で、「受取人」を子どもにすると贈与になります。

　設定を間違えると、余計な税金を払うことになるので、注意してください。

契約のしかたで税金が変わる

● 良かれと思った契約が裏目に

契約者	被保険者	受取人	税金の種類
夫	夫	妻や子などの法定相続人	**相続税** 法定相続人の数に応じた保険金非課税の特典あり
夫	夫	法定相続人以外の人	**相続税** 保険金非課税の特典なし
夫	妻	夫	**所得税・復興特別所得税・住民税**
夫	妻	子	**贈与税**

保険を契約するときは、
「契約者」「被保険者」「受取人」を設定します。

- **契約者** ………保険を契約し、保険料を払う人。
- **被保険者** ……保険の対象者。
- **受取人** ………保険金や給付金を受け取る人。

医療保険などは、上記の3つが同じになることがあります。しかし、死亡保険では、被保険者は受取人になれません。なぜなら、保険金が支払われる時点で、死亡しているからです。死亡保険の場合、契約・被保険者・受取人を誰に設定するかで、税金の種類が変わってきます。余分な税金を払うことになりかねないので、注意しましょう。

> ダメです、それだと所得税がかかります

辛口コメント

保険金額は同じでも、
設定によって税金で損をします。

086

保険は
インフレに弱い

保険は、超長期の固定金利！

　将来の日本は物価がどんどん上がっていくと予想されています。つまり、インフレです。

　では、保険を使って増やしておくのはどうか、と考える人もいるでしょう。しかし、**保険はインフレに弱い商品**なのです。

　生命保険は、超長期の固定金利です。契約をした時点の予定利率がそのまま使われます。バブル当時、予定利率5.5％で契約した終身保険が超お得な理由はここにあります。

　一方、0.5％の予定利率で契約した終身保険は、ずっと0.5％のままです。物価上昇が2％だとすると、どんどん目減りすることになります。これは学資保険や個人年金保険も同じです。

　私立大学の年間平均の授業料は1975年は18万2677円でしたが、2004年には81万7952円になっています。子どもの教育費のために800万円準備しても、実際は1200万円必要だったということになるかもしれません。

　もし、20年間、物価が3％で上昇すると、1万円の価値は5530円に下がってしまいます。元本保証があるということで貯蓄のために生命保険を使うのは、リスクが高いとおわかりいただけると思います。

インフレになると保険金の価値は？

● 保険金額が減ってしまう?

> 30歳のとき終身保険に死亡保険金500万円で加入。
> 50年後の80歳のときに保険金の価値はどう変わるのか？

50年間、ずっと物価が 1% で上昇したとしたら

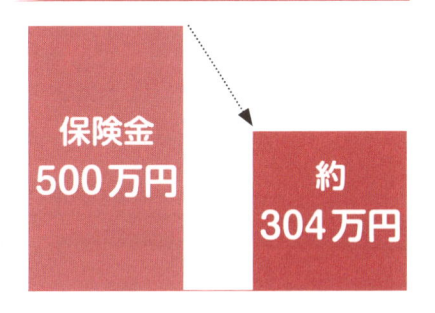

保険金 500万円 → 約 304万円

50年間、ずっと物価が 2% で上昇したとしたら

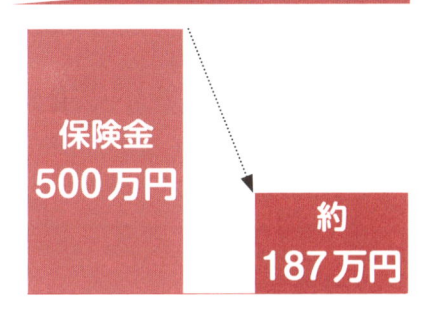

保険金 500万円 → 約 187万円

50年間、ずっと物価が 3% で上昇したとしたら

保険金 500万円 → 約 114万円

保険は、インフレに弱い!

辛口コメント

保険は超長期の固定金利のため、
インフレには弱いのです。

保険金・給付金の受け取り

　保険金や給付金を受け取るには、どうすればいいのでしょう。請求が必要ですが、ご心配なく。手続きは、とても簡単です。

　保険金や給付金を受け取る事態が起きたときは、保険会社に連絡をします。すると、保険会社から請求書類が送られくるので、必要事項を記入し、必要な書類をそろえて返送します。

　手続きはこれで完了。書類が保険会社に到着してから1週間くらいで支払われます。

　請求書類はネットでダウンロードできたり、ネットで請求することが可能だったりもします（このあたりは保険会社によって異なります）。

　ただし、契約者が住所の変更届を出し忘れていると、重要な書類が届かないことがあるので注意してください。

　複数の保険や複数の保険会社に契約がある場合、うっかり請求漏れが起こりがちです。請求漏れをしないように、現在加入している保険をしっかり把握しておく必要があります。

　保険請求は、基本的に被保険者が行います。しかし、「入院」「高度障害」「リビングニーズ」など、特別な事情で被保険者本人が請求できないケースもあります。そんな事態に備え、あらかじめ指定した代理人が請求できる「指定代理人請求制度」があります。

第6章

1分でわかる！
損害保険の得な入り方

自動車保険、火災保険、地震保険、旅行保険、
ペット保険など、損害保険について見ていきます。
これらも、とても大事な保険です。
しっかりと備えるべきポイントを知っておきましょう。

087

損害保険と生命保険の違い

ボクはパンダだから損害保険だね

保険は大きく3つに分かれます。

生命保険は第1分野、損害保険は第2分野、病気などの保険は第3分野に分類されます。

第1分野の生命保険とは、**人の生死に関わる保険**で、生命保険会社が取り扱います。

第2分野の損害保険は、**偶然の事故によって損害が発生したとき、その損害額に保険金を支払う保険**です。こちらは損害保険会社が取り扱っています。

第3分野は、第1分野、第2分野に当てはまらない保険で、「医療保険」や「傷害保険」などが含まれます。生命保険会社・損害保険会社の両方が取り扱います。

損害保険の特徴は、損害額に合わせて保険金が支払われる「実損払い」です。それに対して、生命保険は「定額払い」になります。人の生死に値段をつけることはできないため、契約時に決めた保険金を支払うわけです。

代表的な損害保険としては、自動車保険、火災保険、地震保険などがあげられます。

保険の種類

● 3つに分かれる

生命保険

第1分野

命の保険
- ▶収入保障保険、逓減定期保険など
- ▶終身保険、定期保険、養老保険など
- ▶学資保険　▶三大疾病保険　▶がん保険など

生命保険・損害保険

第3分野

入院の保険
- ▶医療保険など
- ▶所得補償保険など

老後の保険
- ▶個人年金保険など
- ▶介護保険など

損害保険

第2分野

財産の保険
- ▶建物の火災保険
- ▶建物の地震保険
- ▶家財の火災保険
- ▶家財の地震保険

ケガの保険
- ▶傷害保険、
　普通傷害保険など

賠償の保険
- ▶個人賠償責任保険
- ▶借家人賠償責任保険

レジャーの保険
- ▶ゴルファー保険、
　旅行傷害保険など

自動車の保険
- ▶自動車保険（任意保険）
- ▶自動車保険（強制保険）

傷害保険に
なるのかな？

辛口コメント 損害保険は、事故や災害に備える
保険です。誰にも起こりうる大きなリスクなので、
備えは怠りなく。

088

自賠責保険と
任意保険の違い

任意保険に入らないなんて、考えられない

　自動車保険には、大きく分けて2つの保険があります。「自賠責保険」と「任意保険」です。

　自賠責保険は、自動車を使用する際に加入が義務づけられているので、強制保険とも言われています。もうひとつの任意保険が、通常、自動車保険と呼ばれるものです。

　自動車保険は強制ではありませんが、自動車に乗るなら絶対に必要な保険です。

　自賠責保険は、相手側のケガや死亡に対してのみの補償です。しかも、**死亡は3000万円、後遺障害は4000万円、傷害は120万円しか補償がありません。**

　これに加えて、相手の車やモノの補償、自分の死傷、さらに自分の車の補償まで考えれば、自賠責保険ではまったく足りないことがわかるでしょう。

　したがって、任意とはいっても、自動車保険への加入は必須です。

　逆に、自賠責保険しか入っていない車と事故を起こしたら、とんでもないことになってしまいます。相手に非があっても、愛車の修理は自腹かもしれません。

自動車保険が必要な理由

● 自賠責保険と任意保険の補償範囲

補償範囲	相手方への補償		自分への補償		その他	
	ケガ・死亡	車・物	ケガ・死亡	車・物	示談交渉	ロードサービス
自賠責保険	○	×	×	×	×	×
任意保険	○	○	○	○	○	○

● 対人賠償事故の例

認定総損害額	判決年月日	被害者性年齢	被害者の職業	被害態様
5億2853万円	2011年11月1日	男性 41歳	眼科開業医	死亡
4億5381万円	2016年3月30日	男性 30歳	公務員	後遺障害
4億5375万円	2017年7月18日	男性 50歳	コンサルタント	後遺障害

出典：日本損害保険協会「ファクトブック 2023 日本の損害保険」

● 対物賠償事故の例

認定総損害額	判決年月日	被害物件
2億6135万円	1994年7月19日	積荷（呉服・洋服・毛皮）
1億3450万円	1996年7月17日	店舗（パチンコ店）
1億2036万円	1980年7月18日	電車・線路・家屋

出典：日本損害保険協会「ファクトブック 2023 日本の損害保険」

自賠責保険だけではダメだな！

対人賠償は、被害者の一生涯に得る収入金額を基準に算出されます。そのため年齢・職業によって金額は大きく変わります。対人賠償・対物賠償は、無制限に設定しましょう。

辛口コメント

自賠責保険だけではダメです。
必ず任意保険にも加入してください。

089

自動車保険の
しくみ

大きく分けて4つの補償

　自動車保険（任意保険）は、大きく分けて4つの補償があります。

・対人賠償保険

・対物賠償保険

・人身傷害保険・搭乗者傷害保険

・車両保険

この基本補償にさまざまな特約がつきます。

　対人賠償保険、対物賠償保険は、相手に対する補償です。**保険金額は無制限にするのが基本です。**

　特約のうち、弁護士費用特約はつけたほうが安心です。あとで詳しく述べますが、個人賠償責任保険も入っておくといいでしょう。

　また、自動車保険には「等級」があります。最初に加入するときは、6等級からスタートします。無事故なら1年に1等級上がり、最大20等級まであります。等級が上がれば、それだけ保険料の割引が大きくなります。

　もし事故を起こして保険を使うと、**翌年は3等級下がり、さらに事故有係数が適用されます。**これは保険料の大幅アップにつながります。

　無事故で安全運転を続けると、保険料が安くなっていくしくみです。

第6章

1分でわかる！　損害保険の得な入り方

対人賠償と対物賠償は無制限に

● 補償の基本は4つ

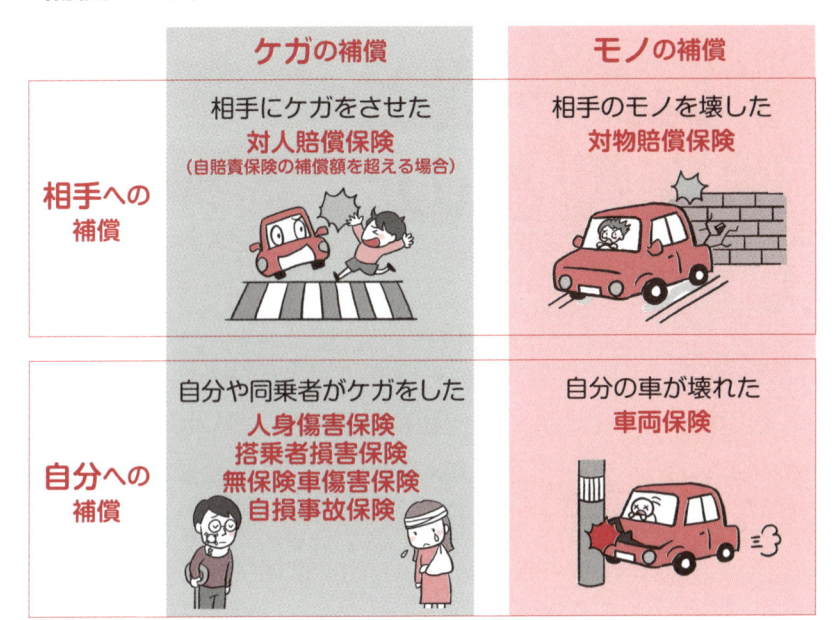

	ケガの補償	モノの補償
相手への補償	相手にケガをさせた **対人賠償保険** （自賠責保険の補償額を超える場合）	相手のモノを壊した **対物賠償保険**
自分への補償	自分や同乗者がケガをした **人身傷害保険** **搭乗者損害保険** **無保険車傷害保険** **自損事故保険**	自分の車が壊れた **車両保険**

● 事故の場合には「事故有り等級」に下がる

割引率が大幅ダウン

3階級ダウン

	13等級	10等級	11等級	12等級	13等級
無事故	-51%				-51% （4年後）
有事故		-19% （1年後）	-20% （2年後）	-22% （3年後）	

辛口コメント
等級は1〜20。同じ等級でも、
「無事故」と「事故有」は割引率が違います。
当然、「事故有」のほうが割引率は低いです。

090

ダイレクト型と代理店型との違い

どちらを選べばよいの？

　自動車保険は、ディーラーや修理工場で契約することが多いと思います。これは代理店型と言われる自動車保険です。テレビなどのCMでよく見かける保険は、ダイレクト型（ネット型）自動車保険です。それぞれメリット・デメリットがあります。

　代理店型の自動車保険の**保険料は一般的に割高**です。ただ、大手損保会社の商品なので安心感はありますし、事故を起こしたときのサポートは手厚い印象を受けます。対面での契約ですから、アドバイスを受けることもできます。とはいえ、ディーラーや修理工場の担当者は、保険の専門家ではないことが多いものです。契約するときは、専門の代理店をお勧めします。

　ダイレクト型の保険料は**比較的に割安な商品が多い**です。保険料は走った分だけという合理的な設定になっている商品もありますし、さまざまな割引も用意されています。

　心配は事故のときのサポートです。もっとも、最近は大手損保会社にかなり近いサポートを受けられるようになってきました。事故対応時間、緊急時の駆けつけサービス、1事故1担当者など、サポート体制のよい保険を選ぶといいでしょう。

ダイレクト型と代理店型の比較

● それぞれメリットとデメリットがある

	代理店型	ダイレクト型
加入方法	代理店を通して自動車保険に加入。代理店担当者と対面で手続きすることが可能。	ネットや電話などで保険会社と直接契約する。
保険料	代理店手数料が必要となり、ダイレクト型と比べて高め。	代理店手数料が不要で代理店型よりも安め。
補償内容の決め方	代理店担当者と相談して決めることができるので安心。知識が少なくても必要な補償を確保しやすい。しかし、必要以上の補償になることがあり、保険料が高くなることもある。	自分の知識や調べた内容で決めるが、ネットや電話で保険会社に聞くことも可能。
事故現場へのかけつけ	担当者によっては事故現場にかけつけてくれる。	保険会社の担当者が事故現場にかけつけることはない。一部保険会社では警備会社のかけつけサービスを提供。
事故後のやりとり	保険会社と直接あるいは代理店の担当者を通してやりとりを行う。	保険会社と直接やりとりを行う。

● 事故のときは

事故のときの対応も少し違う

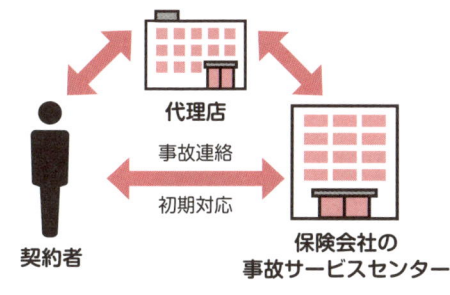

代理店経由

代理店

契約者　事故連絡／初期対応　保険会社の事故サービスセンター

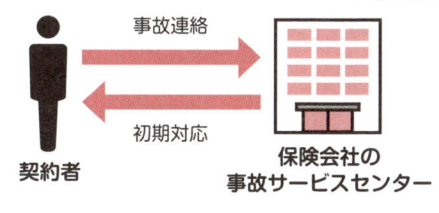

ダイレクト型

契約者　事故連絡／初期対応　保険会社の事故サービスセンター

辛口コメント　ダイレクト型はサポート体制がよい保険会社もあれば、まだいまひとつの会社もあります。担当者による違いも大きいと言えます。

091

ドライブレコーダーと自動車保険の関係

ドライブレコーダーがついていると安心

　あおり運転の事故などが社会問題として大きく報道されてから、ドライブレコーダーを装着する人が増えました。ソニー損保の調査（2023年）によると、ドライブレコーダーの搭載率は52.5%と半数を超えています。ドライブレコーダーは、自分で機器を購入する方法と、自動車保険の特約としてレンタルする方法があります。

　自動車保険のレンタル料は、月額650～850円です。機器を購入した場合は1万～3万円なので、長期的に見ると購入のほうが割安です。

　特約のメリットは、**①事故の際、じかに保険会社と連絡が取れる。②事故の強い衝撃を受けたときは、事故受付センターに自動で発報する（意識を失っているときには有効）。③運転診断サービスなどで、自分の運転を確認できる。**などがあげられます。

　すでにドラレコを持っている人は、デバイスをつけることでスマホと連動させるサービスもあります。これはソニー損保とイーデザイン損保が提供しています。ソニー損保の場合、**安全運転なら保険料が30%割り引かれます。**また、緊急時は、スマホまたは連絡ボタンから、保険会社へすぐ連絡できます。ほかにも、安全運転のレポートなど、さまざまなサービスを受けられます。

損保5社のドライブレコーダー比較

●ドラレコ付き自動車保険のスペック

会社名	損保ジャパン	東京海上日動	あいおいニッセイ同和	三井住友海上	三井ダイレクト損保
サービス名称	つながるドラレコ .Driving!	ドライブエージェントパーソナル	タフ・見守るクルマの保険	GK 見守るクルマの保険	レスキュードラレコ
月額料金	850円	850円	850円	850円	670 円
契約方式	特約付帯	特約付帯	特約付帯	特約付帯	特約付帯
SDカード	32GB	32GB	8GB	8GB	8GB
本体モニター	あり	あり	あり	あり	あり
画素数	FHD200万画素	FHD200万画素	FHD200万画素	FHD200万画素	FHD200万画素
リアカメラ	○（オプション）	○（オプション）	○（オプション）	○（オプション）	○（オプション）
取付サポート	提携業者紹介・出張取付あり	提携業者紹介・出張取付あり	提携業者紹介	提携業者紹介	提携業者紹介
事故時の安心	自動発報	○	○	○	○	○
	映像自動転送	転送映像15秒／フレームレート28コマ／秒	転送映像12秒／フレームレート15.5 コマ／秒	転送映像15秒／フレームレート31コマ／秒	転送映像15秒／フレームレート27 コマ／秒	転送映像15秒／フレームレート27 コマ／秒
	音声通話	○	○	○	○	○
	緊急通報	○	○	○	○	○
	かけつけ	ALSOK	×	×	×	×
	事故状況の可視化	○	○	×	○	○
	緊急時お知らせ	○	○	○	○	○
事前の安心	運転診断	運転ごと／毎月	毎月	運転ごと／毎月	運転ごと／毎月	運転ごと／毎月
	前方衝突	○	○	○	○	○
	車線逸脱	○	○	○	○	○
	逆走探知	○	×	○	○	○
	前方車両発信	○	×	×	×	×
使用中	駐車位置確認	○	×	×	×	×
	駐車中監視	×	○	×	×	×
スマホアプリ		○	×	×	○	×
走行特性割引		−5%	×	×	± 4%	×

辛口コメント 事故で意識がなくなることもあります。
事故受付センターへ自動で連絡がいくしくみは
便利かもしれません。

092

火災保険の
しくみ

建物と家財
2種類の
保険

火災保険は、火災だけを補償する保険ではありません。

台風・豪雨などの水災、竜巻、暴風、豪雪・雪崩などの雪災、落雷、さらには給排水設備のトラブルによって生じた漏水、盗難にも対応しているのです。カバーしている範囲が幅広いので、ぜひ加入しておきたい保険です。

火災保険は、「建物」と「家財」に分けられます。建物は加入しても、家財は忘れがちです。しかし、家財を契約していないと、家具や家電製品の被害は補償されません。建物と家財の両方を検討しましょう。

災害は、住んでいる地域によって被害の種類が異なります。東北などは雪害が多い一方、西日本は台風の被害が多くなります。また、建物の構造でも、被害の度合いは変わります。そのため、火災保険は住んでいる地域や建物の構造によって保険料が異なります。

2024年10月には、火災保険の保険料が値上がりしました。

近年、地球温暖化の影響で、自然災害での被害額が大きくなっていることが背景にあります。今後も大規模な自然災害が起こると予想されるので、火災保険の保険料はますます値上がりする見込みです。

火災保険の補償は2つ

● 「建物」と「家財」

建物のみ	家財のみ
建物本体、門や塀、車庫など	家具、家電製品、衣類など

地域と建物の構造で保険料は異なる

● 都道府県でリスクが違う

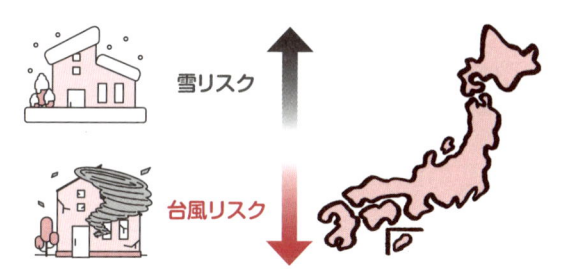

雪リスク

台風リスク

都道府県による較差※
2.11〜3.43倍

※較差はもっとも保険料率が高い都道府県と低い都道府県を比較したものです。なお、この較差は建物の構造などによって異なります。

● 建物の構造は3種類

構造	建物の例
M構造（マンション構造）	鉄筋コンクリート造のマンション
T構造（耐火構造）	鉄筋コンクリート造の戸建て、鉄骨造の建物、2×4工法の建物、プレハブ住宅
H構造（非耐火構造）	在来木造建物

発生する自然災害の種類や頻度、被害規模は地域により異なります。したがって、都道府県ごとに保険料は違い、その差は最大で2〜3倍。また、建物の構造でも保険料は変わります。

 辛口コメント

これからも火災保険は値上がりが予想されます。長期契約することで、保険料を安くできます。

093

火災保険の賢い入り方

火災保険の選び方

　これまで水災の保険料は全国一律でした。しかし、2024年から市区町村別に5つに区分し、異なった保険料が適用されました。

　水災のリスクが高い河川の近くでは、ぜひつけておきたい補償です。しかし、住宅街だから水災は関係ないと安心しないでください。マンホールから水があふれ出す都市型水災にも注意が必要です。

　まずは、自分が住んでいる地域にどんなリスクがあるのかを、ハザードマップで確認しておくことが重要です。

　大手損保会社の火災保険は、「フルサポート」「スタンダード」「エコノミー」など、たいてい3段階に分かれています。**できればフルサポートのタイプが安心です。**

　ダイレクト型では、補償を選べるようになっています。自分に必要な補償だけをつけるため、保険料を安く抑えることができます。

　補償の中にある「汚損・破損」とは、不測かつ突発的な事故での損害を指します。

　たとえば、子どもが振り回していたバットがテレビにぶつかり、液晶画面が壊れたという場合も、この補償が使えるのです。できればつけておきたい補償です。

火災保険の加入プラン例

● 補償される内容とは

保険事故名	事故の内容	フルサポート補償	スタンダード補償	エコノミー補償
火災	家が火事（消火活動による水濡れを含む）、ガス漏れによる爆発	〇	〇	〇
落雷	雷が落ちて家屋や家電製品が壊れたなど	〇	〇	〇
破裂・爆発	ガス漏れに気がつかないで爆発したなど	〇	〇	〇
風災・ひょう災・雪災	台風、旋風、竜巻、暴風など。豪雪、雪崩といった雪災など	〇	〇	〇
水災	台風、豪雨などによる洪水、高潮によって、床上浸水などの損害を生じたとき	〇	〇	✕
飛来・落下・衝突	自宅に自動車が飛び込んできたなど	〇	〇	✕
水濡れ	給排水設備の破損、詰まりにより生じた漏水など	〇	〇	✕
暴行・破壊	近隣で暴動があり自宅が破壊されたなど	〇	〇	✕
盗難	強盗、窃盗、または未遂など	〇	〇	✕
汚損・破損など	不測かつ突発的な事故での損害	〇	✕	✕

盗難の補償もある

辛口コメント 住んでいる地域のハザードマップは必ず確認しましょう。どんな災害に備えるべきかわかります。

094
地震保険の
しくみ

地震に強い自信がありますか？

　2024年1月1日に発生した能登半島地震は記憶に新しいところです。
　輪島市では大規模火災も起きました。しかし、これは火災保険の対象外となってしまいます。
　地震が原因の火災は、地震保険でしか補償されないのです。津波・噴火などの災害も、地震保険しか対応できません。
　地震保険は単独では加入できず、火災保険の特約として契約します。火災保険と同じように、**「建物」と「家財」に分かれています。**
　補償される保険金は、火災保険の30 ～ 50％の範囲内です。この金額では家を再建することはできないかもしれませんが、生活を立て直すためには役立つお金です。
　巨大地震が起きれば、甚大な被害が予想されます。損害保険会社だけではとても賄いきれないほど補償額が膨らみ、損害保険会社自体が潰れてしまいかねません。すると、保険金も支払えなくなってしまいます。そんな事態にならないよう、**地震保険は国が再保険**をしています。
　地震保険はとても公共性の高い保険です。法律に基づき、国と損害保険会社が共同で運営をしているのです。したがって、**どこの損害保険会社で契約をしても、保険料は同じです。**

第6章　1分でわかる！損害保険の得な入り方

地震保険の補償範囲

● 火災保険では補償されない

地震

地震で家が壊れた場合
や、地震による火災で
家が燃えた場合など

噴火

噴火に伴う噴石などで
家が壊れた場合など

津波

地震や噴火による津波で
家が流された場合など

地震保険は火災保険とセット

● 建物と家財に分かれている

いつ起こるか
わからない
地震への備え

地震保険に入るときは、必ず火災保険とセットにな
ります。単独では加入できません。地震保険も、建
物と家財に分かれています。建物・家財のそれぞれ
に補償をつけることが可能です。

火災保険		地震保険
建物	+	建物
家財	+	家財

辛口コメント
地震保険の役割は
「家を再建するお金」というより、「生活を再建するお金」
です。被災者にとってはとても大切。

095
自転車保険の
しくみ

加入していないと条例違反？

多くの自治体で、自転車保険の加入が義務づけられています。自転車保険に加入しないまま自転車に乗ることに対して、**罰則規定はありませんが、条例違反になります。**

自転車保険は、傷害保険と個人賠償責任保険の2つの保険を組み合わせたものです。

自転車だからといって、軽く考えてはいけません。道路交通法では自転車も軽車両です。法律違反をすると刑事上の責任を問われ、相手にケガを負わせれば民事上の損害賠償責任が発生します。**過去に1億円近い損害賠償を求められた例もあります。**

自転車に乗る人には必須の保険だと言えます。

また、自転車の事故は、子どもや高齢者に多い傾向があります。家族全員で加入するようにしてください。

もっとも、個人賠償責任保険に入っていれば、自転車保険はとくに必要ありません。

なお、2023年から、すべての自転車利用者に、ヘルメット着用の努力義務が課されています。さらに、自転車の交通違反に反則金（青切符）を適用する法改正もなされています。

自転車保険の基本補償とは

● 2つの保険の組み合わせ

	事故の相手		自分
	生命・からだ	財産（モノ）	生命・からだ
①個人賠償責任保険	○	○	×
②傷害保険	×	×	○

自転車保険は、傷害保険と個人賠償責任保険の機能を併せ持っています。そこへ、示談交渉サービス、弁護士費用、ロードサービスといった、付帯サービスや特約をプラス。示談交渉サービスはつけておきたいサービスです。

自転車事故の賠償額

● 1億円近い賠償請求になることも

	事故の概要	賠償額
後遺障害	男子小学生（11）が夜間、帰宅途中に自転車で走行中、歩道と車道の区別のない道路で歩行中の女性（62）と正面衝突。女性は頭蓋骨骨折等の傷害を負い、意識が戻らない状態となった。（神戸地裁、2013年7月4日判決）	9521万円
死亡	男子高校生が夜間、イヤホンで音楽を聴きながら無灯火で自転車を運転中パトカーの追跡を受けて逃走し、職務質問中の警察官と衝突。警察官は死亡。（高松高裁、2020年7月22日判決）	9330万円
後遺障害	男子高校生が昼間、自転車横断帯のかなり手前の歩道から車道を斜めに横断し、対向車線を自転車で直進してきた男性会社員（24）と衝突。男性会社員に重大な障害（言語機能の喪失等）が残った。（東京地裁、2008年6月5日判決）	9266万円
死亡	男性が夕方、ペットボトルを片手に自転車に乗り、下り坂をスピードを落とさず走行し交差点に進入、横断歩道を横断中の女性（38）と衝突。女性は脳挫傷等で3日後に死亡した。（東京地裁、2003年9月30日判決）	6779万円

出典：日本損害保険協会「ファクトブック 2023 日本の損害保険」

辛口コメント

自転車でも、重大事故につながるおそれがあります。必ず自転車保険に入りましょう。

096

個人賠償責任保険の
しくみ

へっておいたほうがよい保険

　自転車保険のところでも触れた「個人賠償責任保険」。この保険は自転車保険のかわりになります。しかも、個人賠償責任保険は日常のさまざまな場面でとても役に立ちます。

　個人賠償責任保険の補償内容は、**他者に対する補償です。**日常生活であやまって人にケガをさせた、モノを壊した。そんなふうに損害賠償責任を負ったとき、損害を補償します。

　たとえば、「駅の階段で人にぶつかり、相手が足を骨折した」「散歩中に、飼い犬が子どもに噛みついてケガをさせた」「2階のベランダから植木鉢が落ちて、通行人にケガを負わせた」「喫茶店でコーヒーをこぼして、隣の人のパソコンが壊れた」なども補償されます。このように補償の範囲が広いことが特徴です。

　通常は単独では加入できず、火災保険や自動車保険の特約として加入します。

　保険料は年間2000円程度で、補償額は1億円くらいです。さらに、1つの保険で家族全員が対象となります。

　負担額は大きくないので、入っておくといいでしょう。個人賠償責任保険はオススメです。

個人賠償責任保険の補償範囲は広い

● こんなことも補償してくれる

◎商品を、うっかり落として壊した。

◎散歩中、飼い犬が他人に噛みついてケガをさせた。

◎2階のベランダから植木鉢が落下。下を歩いていた人にケガをさせた。

◎マンションで洗濯機のホースが外れ、階下の部屋に水が漏れた。

◎喫茶店でコーヒーをこぼし、隣の人のパソコンに損害を与えた。

個人賠償責任保険は、日常生活で誤って他人にケガをさせたり、モノを壊したりして損害賠償責任が生じたとき、その損害を補償する保険です。上に例をあげたように、かなり広範囲にわたってカバーしてくれます。

● 記名被保険者から見た家族の範囲のイメージ

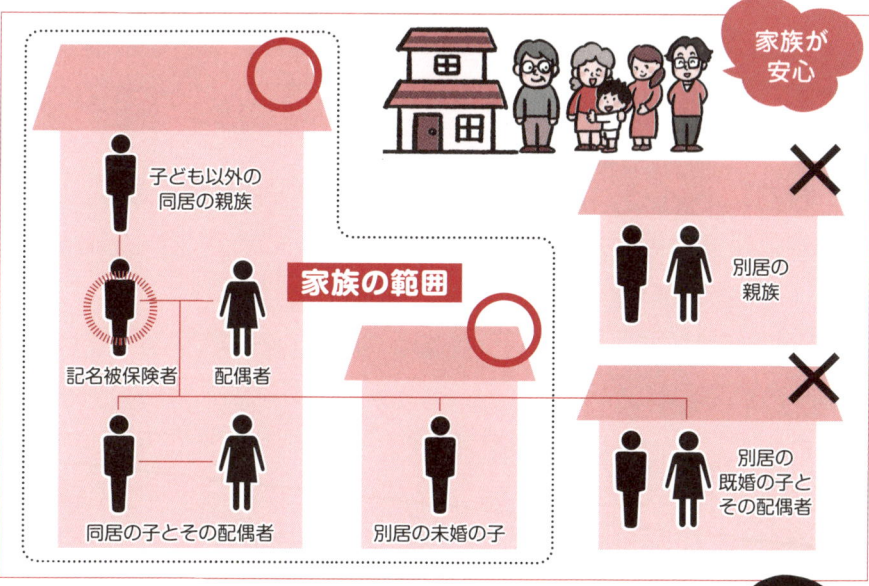

辛口コメント

保険料が安く、補償は大きいので、
ぜひ入ってほしい保険です。

097
旅行保険の
しくみ

海外旅行には
必須の保険

第6章
1分でわかる！ 損害保険の得な入り方

　海外旅行の際は、旅行保険（正式名称は旅行傷害保険）が必携です。日本国内で病気になったとしても、健康保険のおかげで自己負担はそれほど多くありません。しかし、海外では健康保険が通用しないのです。とくにアメリカのように医療費が高い国で入院となれば、ビックリするほどお金がかかります（右の図を参照）。

　一般的に、クレジットカードには旅行保険が付帯しています。「わざわざ旅行保険に入らなくても、これで十分じゃない？」なんて思っている方、その考えは甘いです。

　クレジットカードについている補償は、病気で200万円程度です。アメリカで重い病気になったら、ぜんぜん足りません。

　また、クレジットカードの旅行保険の適用条件として、**「利用付帯」**と**「自動付帯」**があります。

「自動付帯」は、カードを持っているだけで補償の対象になります。それに対して、「利用付帯」は、旅行代金などをクレジットカードを利用して支払った場合のみ、補償が受けられるしくみになっているのです。

　いずれにしろ、クレジットカードの補償は小さいもの。**旅行保険でしっかり備えてこそ、安心して旅を満喫できます。**

クレジットカードに付帯の旅行保険

● 見落としがちな注意点

自動付帯	利用付帯
カードを所有している だけで補償がある	支払いにクレジット カードを利用した場合 補償が受けられる

クレジットカードについている旅行保険は、「自動付帯」と「利用付帯」があります。一般的には「利用付帯」が多く、宿泊費や交通費などをカードで支払わないと補償は受けられません。

ニューヨークで病気になったら

万全の準備で楽しむわ！

● 救急車で搬送されたときの費用

種　類	料　金
患者搬送（救命士なし）	8万4000円
救急搬送（救命士乗車）	14万3000〜15万5000円
病院までの搬送料金（追加料金）	約1000円／km
（追加料金）酸素投与	約7000円

消防庁「平成27年度救急業務のあり方に関する検討会報告書」
料金は1米ドル＝120円で計算したもの

● ニューヨークでの医療費

種　類	料　金
一般の初診料	約150〜300米ドル
専門医の受診料	約200〜500米ドル
入院室料	約2000〜3000米ドル／日
虫垂炎入院・手術（1日入院）	約1万米ドル以上
歯科治療	約1000米ドル／本

在ニューヨーク日本国総領事館ホームページ

初診だけでも、日本円にして1万8000〜3万6000円程度かかります（1ドル＝120円の計算）。虫垂炎で入院・手術をしたら、なんと1日で120万円に！100％自己負担なので、旅行保険は必携です。

辛口コメント

海外旅行のときは、旅行保険は必須です。
盗難などのトラブルにも補償があります。

098

ペット保険の
しくみ

年間の治療費の平均は

約4万円　約6万円

　新型コロナ禍以降、ペットを飼う人が増加したと言います。家で過ごす時間が長くなった影響でしょうか。

　飼育環境や医療技術の向上で、ペットも長生きになってきました。ただ、人間と同じで高齢になると、どうしても病気やケガのリスクが高まります。動物病院のお世話になる機会が増え、治療費も膨らんでいます。**ペットに健康保険はありませんから、全額自己負担です。**アニコム損保の調査によると、1年間にかかる治療費は、イヌは5万6134円、ネコは3万6617円です。

　ペット保険の主な補償は、「通院」「入院」「手術」です。ワクチンなどは対象外となっています。

　ペット保険では、**補償割合を70%・50%・30%などと選ぶことができます。**治療費が1万円かかり、補償割合が70%・免責なしだとしたら、自己負担は3000円です。

　保険金の請求は、いったん全額を支払ってから、保険会社に請求する方法が多くなっています。しかし、アニコム損保やアイペット損保などのように、提携している動物病院の窓口では、自己負担分だけを支払えばいい保険もあります。

ペットの世話にかかる費用は？（年間）

● 治療費は全額自己負担

項　目	イヌ	ネコ
ケガや病気の治療費	5万6134円	3万6617円
フード・おやつ	6万4294円	5万2328円
サプリメント	1万783円	3902円
しつけ・トレーニング料	6343円	0円
シャンプー・カット・トリミング料	4万8200円	2814円
ペット保険料	4万3763円	2万8097円
ワクチン・健康診断等の予防費	3万3648円	1万3864円
ペットホテル・ペットシッター	4446円	2115円
日用品	1万3431円	1万2796円
洋服	1万2590円	268円
ドッグランなど遊べる施設	2631円	10円
首輪・リード	6245円	946円
防災用品	1008円	1264円
交通費	1万8602円	441円
光熱費（飼育に伴う追加分）	1万6505円	1万3819円
合　計	33万8623円	16万9281円

出典：「2023年最新版　ペットにかける年間支出調査」アニコム損保調べ

ニャンと
こんなにお金が
かかるの

辛口コメント　ペットの年齢が上がると、保険料も
上がります。総額で考えるとかなり負担が大きくなる
ケースも多いので、注意してください。

099

少額短期保険の
しくみ

いろんな保険があるね

　ネットで簡単に入れて、しかも保険料も安い！　ということで、最近人気が高まっている保険が、少額短期保険（ミニ保険）です。

　少額短期保険は、保険金が1000万円以下、保険期間は1年や2年と短いことが特徴です。

　一般の生命保険と違って、認可が簡略化されているので、小さなニーズに対応した商品などを、スピーディーに開発することができます。

　少額短期保険の種類はとても幅広く、多種多様でユニークな商品が目白押しです。生命保険では扱えないような補償もあるので、使い方によっては役に立ちます。万人向けというより、ニッチなニーズに向けた補償といっていいでしょう。

　注意点としては、**セーフティネットの問題があげられます**。生命保険には保険契約保護機構があり、保険会社が破綻しても契約者を守る制度ができています。しかし、少額短期保険には、その制度がありません。少額で期間が短いので影響は少ないかもしれませんが、この点は覚えておいてください。

少額短期保険の特徴

● 契約期間が短い

生命保険・医療保険
1年以内

損害保険
2年以内

期間は短く、補償は小さい

● 保障金額が少額

疾病による死亡 または重度障害	300万円
疾病または傷害による 入院給付金など	80万円
傷害による死亡 または重度障害	600万円
損害保険	1000万円

少額短期保険会社と生命保険会社の違い

	ミニ保険会社 (少額短期保険業者)	一般 保険会社
資 格	登録制	免許制
検査・監督	金融庁・財務局など	金融庁
生命保険商品・ 損害保険商品の 同時取扱い	同時取扱い可	禁止
保険金額・ 保険期間	制限 あり	制限 なし
事業規模	年間収入保険料 50億円以下	制約なし
資本金	1000万円 以上	10億円 以上
契約者保護	保険契約者 保護機構の対象外	保険契約者 保護機構の対象

違いを理解しておこう

ミニ保険は登録制で資本金は1000万円以上あれば、設立可能。しかし破綻時のセーフティネットはない。

辛口コメント

保険料が安いからといって、何でも入るとやはり負担は大きくなります。まずは本当に必要かどうかを考えましょう。

100

各ジャンル別ベスト保険を実名で紹介

具体的に推薦できる商品を紹介します

第6章

1分でわかる！損害保険の得な入り方

　ここまで、保険の考え方、保険ジャンルごとの特徴、保険商品の選び方、保険の見直しの仕方などを説明してきました。

　しかし、保険商品は非常に多くあります。実際にどの商品を選べばいいか、個人で考えて比較するのはとても難しいでしょう。パンフレットをずらりと並べても、判断に迷うはずです。

　そこで、コストパフォーマンスに優れ、なおかつ**保障も充実しているバランスのよい保険商品を、各ジャンルで3つずつ紹介**しようと思います。

　3つの商品のなかで、自分の条件に合っている商品を選んでください。各メディアの保険商品ランキングでも、選者として筆者が評価している商品です。

　本書で紹介しようと思ったのですが、ページ数の関係と保険商品が常に変わっていることがネックになりました。本のなかに掲載すると情報を変更できません。そのため、ネット上で紹介をします。変更があれば修正できますからね。

　この本の読者ならば、アクセスをして保険商品の情報をご覧いただけます。アクセス方法は、右ページを参照してください。

実名でベスト3を紹介！

● 付録の情報について

　本書を購読いただいて、自分にはどんな保険が必要なのかということが、わかってきたと思います。

　さて、今度は具体的な商品選びです。

　数多い保険商品の中でも、よい保険だと言える商品を3つ厳選しました。これを見れば、各ジャンルのベスト3の保険商品がわかります。

右のQRコードか、下記のアドレスにアクセスしてください。
URL:https://www.jiyu.co.jp/appendix/AllAboutHoken/index.htm
ユーザー名：hoken ／ パスワード：goodchoice

● 付録の表の見方

> 販売会社名と
> 保険商品の名称

オリックス生命
RISE（ライズ）

> 30歳、40歳、50歳の
> 男女がその保険に加
> 入した場合にかかる
> 月額保険料の例。

> 試算した月額保険料
> と保険金の例。およ
> び試算時の条件。

	30歳 月額保険料	40歳 月額保険料	50歳 月額保険料	保険金額の例
男性	9,700円	15,640円	33,600円	**死亡保険金＝500万円** 60歳払済
女性	9,185円	14,805円	31,840円	

特徴　保険料の払い方を短期払いにすると、介護前払特約が無償でつく。
介護前払特約は、保険料の払い込みが終わって、被保険者の年齢が満65歳以上で、
要介護4以上となった場合に、保険金を受け取ることができる。

> 保険商品の特徴、選ぶとき
> の注意ポイントなど

辛口コメント

注：必ず書籍を購入してくださいね！

◆著者紹介◆

長尾義弘
ながお・よしひろ

NEO企画代表。ファイナンシャルプランナー、AFP、日本年金学会会員。徳島県生まれ。大学卒業後、出版社に勤務。1997年にNEO企画を設立。出版プロデューサーとして数々のベストセラーを生み出す。新聞・雑誌・Webなどで「お金」をテーマに幅広く執筆。著書に『コワ〜い保険の話』(宝島社)、『こんな保険には入るな!』(廣済堂出版)『お金に困らなくなる黄金の法則』『最新版 保険はこの5つから選びなさい』『老後資金は貯めるな!』『お金の得する情報400』『私の老後 私の年金 このままで大丈夫なの? 教えてください。』(河出書房新社)、『60歳貯蓄ゼロでも間に合う老後資金のつくり方』(徳間書店)、『とっくに50代 老後のお金 どう作ればいいですか?』『投資ゼロで老後資金をつくる』(青春出版社)。共著に『金持ち定年、貧乏定年』(実務教育出版)。監修には年度版シリーズ『NEWよい保険・悪い保険』(徳間書店)、『定年前後の手続きガイド』(宝島社)など多数。

サイト→http://neo.my.coocan.jp/nagao/
X (旧Twitter) →@neo_sigh

◆ 主 な 作 品 一 覧 ◆

著書

『ストーリーでわかる お金のツボ』(モバイルメディアリサーチ)
『コワ〜い保険の話』(宝島社)
『こんな保険には入るな!』(廣済堂出版)
『知らなきゃ損する65項目 保険と年金の怖い話』(青春出版社)
『商品名で明かす今いちばん得する保険選び』(河出書房新社)
『保険ぎらいは本当は正しい』(ソフトバンククリエイティブ)
『1日5分意識するだけ お金に困らなくなる黄金の法則』(河出書房新社)
『保険はこの5つから選びなさい』(河出書房新社)
『最新版 保険はこの5つから選びなさい』(河出書房新社)
『かんたん!書き込み式 保険払いすぎ見直しBOOK』(河出書房新社)
『老後資金は貯めるな!』(河出書房新社)
『お金の得する情報400』(河出書房新社)
『運用はいっさい無し!60歳貯蓄ゼロでも間に合う老後資金のつくり方』(徳間書店)
『とっくに50代 老後のお金 どう作ればいいですか?』(青春出版社)
『私の老後 私の年金 このままで大丈夫なの? 教えてください。』(河出書房新社)
『投資ゼロで老後資金をつくる』(青春出版社)

共著

『金持ち定年、貧乏定年』(実務教育出版)
『定年の教科書』(河出書房新社)

監修

年度版シリーズ『よい保険・悪い保険』(宝島社) 2010年〜2019年
年度版シリーズ『NEWよい保険・悪い保険』(徳間書店) 2020年以降
年度版シリーズ『定年前後の手続きガイド』(宝島社)
『別冊宝島 住宅ローン・ランキング』(宝島社)
『よい保険・悪い保険 (文庫)』(宝島社) 2012年2月・2013年2月
『生命保険にだまされるな!』(宝島社)

1日1分 読むだけで身につく
保険の選び方大全100

2024年10月11日　初版第1刷発行

著者	長尾 義弘
編集協力	岩瀬 晃子
図版制作	鈴木 俊行
装丁	テラカワ アキヒロ（Design Office TERRA）
イラスト	和全（Studio Wazen）

発行者	石井 悟
発行所	株式会社 自由国民社
	〒171-0033 東京都豊島区高田3-10-11
	営業部／TEL：03-6233-0781
	編集部／TEL：03-6233-0786
印刷所	新灯印刷株式会社
製本所	新風製本株式会社

●本書を利用したことによるいかなる損害などについても、著者および出版社はその責を負いません。
●本書の内容に関しては万全を期すよう注意を払いましたが、誤り・脱落等がありましても、
　その責任は負いかねますのでご了承ください。
●本書の内容は特に記載のないものは、2024年8月時点のものであり、予告なく変更される場合もあります。
●本書に掲載しているウェブ上の情報は、ウェブページのメンテナンス・移転・閉鎖等の都合により、
　予告なく変更または閲覧できなくなる場合があります。
●本書の内容に関する電話でのお問い合わせ、および本書の内容を超えたお問い合わせには応じられませんので
　あらかじめご了承ください。